소 금 눈 물

소금 눈물

난민들의 경유지,
람페두사섬의 의사가 전하는
고통과 희망

피에트로 바르톨로 · 리디아 틸로타 지음
(자코모 바르톨로 후원)
이세욱 옮김

한뼘책방

차례

• 각주는 옮긴이가 달았습니다.

우리 아버지들
자코모와 가스파레에게,

우리 어머니들
그라치아와 누치아에게

그저 살아갈 곳, 자라날 곳을 찾고 있는
그 어머니들과 아버지들,
그 딸들과 아들들에게.

람페두사섬

토끼섬
파발로로 방파제
수용 센터
보건소
공항
구이트자 해수욕장
유럽의 문

람페두사는 지중해에 떠 있는 아름다운 섬이다. 이탈리아 영토의 최남단에 있다는 점에서는 우리나라의 마라도와 비슷하고, 그 크기로 보자면 덕적도나 흑산도와 비슷하다.

포도와 밀을 조금 재배하고 있기는 하지만, 토양에 석회질이 많고 관개가 잘 되지 않기 때문에 농업은 별로 발달하지 않았고 섬사람들은 주로 어업과 관광업에 종사한다. 초등학교와 중학교는 있지만 고등학교와 대학교가 없기 때문에, 여유가 있지 않으면 자식들을 시칠리아나 이탈리아 본토로 보내 계속 공부를 시키기가 어렵다. 어부들과 뱃사람들이 고단하지만 평온하게 살아가던 그 작은 섬이 금세기 들어서면서 이른바 '유럽의 관문'이 되고 무수한 난민이 목숨을 걸고 상륙하고자 하는 땅이 되었다. 그것은 이 섬의 위치 때문이다. 시칠리아 남서 해안에서 205킬로미터쯤 떨어진 이탈리아 영토지만, 튀니지 동북부 해안에서 113킬로미터밖에 떨어지지 않았다는 점에서 보면 유럽보다는 아프리카에 가깝다. 전쟁이나 가난을 피해 아프리카를 떠나고 싶지만 그저 배를 탈 수밖에 없는 사람들에게는 람페두사에 도달하는 것이 유럽에 다다르는 가장 빠른 길이다.

특히 북아프리카와 중동 지역에서 2010년 말에 시작된 '아랍의 봄'이라는 시위운동이 민주화 정부 수립으로 이어지지 못하고 상황이 악화하면서 지중해를 건너 유럽으로 가는 난민이 급증했다. 2013년 7월, 프란치스코 교황은 즉위 후 첫 방문지로 람페두사를 선택했다. 그런 선택의 이면에 담긴 아름답고 간절한 이야기가 이제 펼쳐진다.

마레 노스트룸[1]

물이 얼음장처럼 차다. 찬물이 몸에 스미는 듯 뼛속이 시리다. 배에서 물을 빼낼 수가 없다. 나는 이리 뛰고 저리 뛰고 해보지만 아무 소용이 없다. 사력을 다하고 민첩하게 움직였지만 작은 배에는 물이 그득하다. 결국 나는 바다에 빠진다.

갑작스럽게, 나 자신도 알아차리지 못하는 사이에 벌어진 일이다. 두렵다. 밤은 이슥하고 날씨는 춥다. 열여섯 살이라 아직 철이 없어서 위험을 미처 헤아리지 못했다. 나는 바다에

---

1 Mare nostrum. '우리 바다'라는 뜻의 라틴어. 고대 로마 시대에 로마인들이 지중해를 가리킬 때 쓰던 이름. 로마가 포에니 전쟁에서 승리하여 시칠리아와 사르데냐와 코르시카를 점령했을 때는 티레니아해를 가리켰으나, 기원전 30년경 로마의 영토가 이베리아 반도에서 이집트까지 이르렀을 때는 지중해 전체를 일컫게 되었다. 로마가 멸망한 뒤에 사라졌던 이 '우리 바다'는 1880년대에 이탈리아 민족주의자들에 의해서 되살아났고, 파시즘 시대에는 무솔리니가 프로파간다로 이 용어를 다시 사용했다. 그렇지만 현대에 들어와서는 그런 부정적인 성격에서 벗어나 지중해 세계의 다양한 문화를 모두 포용하고 지중해에 면한 나라들 사이의 교류와 협력을 강조하는 이름으로 사용되고 있다.

떨어질 수 없는 줄 알았고, 떨어져서도 안 되는 줄로 알았다. 내가 곧 죽을 것 같다.

큰 배에 탄 어른들은 자고 있다. 키를 잡고 있는 아버지는 뒤에 매달린 작은 배에 이제 아무도 없다는 사실을 알아차리지 못했다. 두렵다. 우리는 람페두사섬에서 40마일 떨어진 곳에 와 있다. 만약 내가 당장 저이들의 관심을 끌지 못하면, 저이들은 그냥 나를 여기에 두고 갈 것이다. 그러면 모든 게 끝나고 만다. 저이들은 항구에 도착해서야 내가 없어졌다는 사실을 알게 되리라. 이렇게 죽고 싶지 않다. 열여섯 나이에 죽을 수는 없다. 나는 겁에 질려 있다.

나는 거의 공황 상태에 빠진 채로 목이 찢어지도록 울부짖기 시작했다. 그러면서 물에 떠 있으려고, 바다에 잡아먹히지 않으려고 애를 쓴다. 바다란 우리가 살아갈 수 있게 해주는 고마운 존재이기도 하지만, 아예 작정을 하고 우리를 팽개치는 잔인한 괴물로 변할 수도 있다. 그렇게 괴물로 변하면 바다는 일말의 동정도 보이지 않는다. 나는 불안에 사로잡힌 채 "빠뜨리![2]" 하고 울부짖는다. "빠뜨리!" 하는 소리가 또 터져 나온다. 키를 잡고 있는 아버지의 귀에는 내 소리가 들리지 않는다. 종

---

2 '아버지'를 뜻하는 시칠리아 방언.

말이 눈앞에 와 있다. 그래도 나는 계속 울부짖는다. 그때 천우신조 같은 일이 벌어진다. 아버지가 몸을 돌려 내 쪽으로 눈길을 준다. 나는 두 팔을 허우적거리며 갈라진 소리로 울부짖는다. 아버지는 그러는 나를 구하기 위해 배를 돌린다.

아버지의 고함 소리에 뱃사람들이 잠에서 깨어난다. '케네디'호 내부가 갑자기 소란스러워진다. 파도가 너울거려서 나를 뱃전에 끌어올리기가 쉽지 않다. 하지만 어른들은 그 일을 해낸다. 나는 구조되었다. 몸이 오슬오슬하고 속이 불편하더니 구토가 일고 짠물이 쏟아져 나온다. 나는 절망에 빠진 아이처럼 운다. 아버지는 나를 꼭 끌어안고 한껏 내 몸을 덥혀준다. 물고기를 잡으러 갔다가 그렇게 일이 잘못되었다. 그래서 우리는 빈 배로 돌아온다. 그래도 목숨 하나를 건졌다. 바로 내 목숨을.

며칠 동안, 우리 고기잡이 가정의 수수한 집에서 나는 말없이 잠잠하게 지낸다. 입을 다물 줄 모르고 재잘대던 내가 갑자기 입을 닫은 것이다. 한자리에 가만히 있지 않고 움직이던 내가 갑자기 꼼짝달싹하지 않는 소년으로 변했다. 내 입에서는 한마디 소리도 나오지 않는다. 내 인생에서 처음으로, 눈앞에 닥친 죽음을 바라보는 것의 의미를 깨달았다. 그런데 내가 당시에 알지 못했던 것이 하나 있다. 그날 밤이 내 기억에 영원히 아로새겨지리라는 것, 육신과 생명을 되돌려주는 바다가 내 삶에 크게 영향을 미치리라는 것, 내가 어른이 되면 그 생명들을 구하고 그 육신들에 마지막으로 손을 대는 사람이 되리라는 것을 그때는 알지 못했다. 이제 부두에 나가 찬물에 흠뻑 젖고 눈에 공포가 가득한 남자와 여자와 아이를 진료할 때마다 나는 언제나 그 일을 다시 떠올린다.

그날 밤의 그 악몽은 이따금 다시 나타난다. 하지만 25년이 넘는 세월 동안, 그 무서운 기억에 다른 기억들이, 훨씬 더 무시무시한 기억들이 보태진다. 그리고 이제 나는 불행하게도 다른 기억들이 다시 더해질까 두렵다.

기나긴 횡단을 눈앞에 두고 따뜻한 식사를 차리는 것. 바로 그것이 아미나와 다른 여자들이 해보려고 한 일이다. 그들은 어쩌다 손에 넣은 버너에 가스통을 연결하려고 물 호스를 사용했다. 그 과정에서 불길이 확 일어났다. 그들에겐 그 불길을 벗어날 길이 없었다. 그들의 90퍼센트가 불에 타는 사고가 벌어졌다. 무시무시한 광경이었다. 하지만 리비아의 불법 이민자 운송업자들은 어떠한 연민도 보이지 않았다. 그들은 여자들을 억지로 고무보트에 태웠다. 여자들은 그런 조건에서 항해를 하고 격심한 고통에 시달리며 표류를 하다가, 재무경찰 소속 해안경비대를 만나 구조되었다.

구조대원들은 그 여자들에게 어떻게 손을 대야 할지도 몰랐고, 그 여자들에게 더 고통을 주지 않고 어떻게 구명정에 옮겨 태워야 할지도 몰랐다. 여자들은 단 한 번 불평도 하지 않았고, 소리치지도 울지도 않았다. 군인들이 부두에 내려주었을 때도 마찬가지였다.

나는 보고도 믿을 수가 없었다. 눈앞에 끔찍한 광경이 펼쳐져 있었다. 어떤 일부터 시작해야 할지 알 수가 없었다. 비슷한 일이 벌어질 때마다 겪고 또 겪었던 시련이다. 사실 그들이 배에서 내릴 때마다 어떤 일에 대처해야 할지는 아무도 모르는 일이다. 우리가 공부할 기회를 얻지 못한 특수한 기술들 가운데 어느 것들을 활용해야 할지 알 수가 없다.

그 스물세 명의 여자들 가운데 한 사람은 열아홉 살밖에 되지 않았는데 살아남지 못했다. 가장 어린 피해자는 두 살배기 아기였는데 불에 완전히 타버렸다. 나는 그들의 고통을 조금이라도 덜어주려고 애썼다. 그들의 살갗이 갈가리 찢어지면서 속살이 드러나 있었다. 우리는 되도록 빨리 그들을 옮겨주어야 했다. 시칠리아의 팔레르모든 카타니아든, 적절한 치료를 할 수 있는 곳에서 그들을 보살펴야 했다. 여기 람페두사섬에서 그들을 위해 할 수 있는 일은 별것이 없다. 일정한 구간을

정기적으로 왕복하는 헬기들이 시간에 맞서 싸우는 진짜 경
주를 벌였다. 드디어 마지막으로 남은 여자가 헬기에 올라탔
을 때, 우리는 비로소 심장이 정상적으로 뛰고 있다는 기분을
느꼈다. 이번에도 우리는 일을 해냈다. 비록 부분적으로 일을
끝낸 것일지라도.

   며칠 뒤에 나는 그날 벌어진 일을 아직 생각하면서, 람페두
사섬의 간선도로인 비아 로마를[3] 걷고 있었다. 사회복지사 한
사람이 나를 불러 세우더니 그 스물세 명의 여자들과 함께 하
선했던 유일한 남자에 관한 이야기를 하기 시작했다. 그 남자
는 수용 센터에 들어가 있었다. 거기에 왕진을 간 적이 있던
터라, 그에 대한 기억이 났다. 그는 잘 지내는 편이었고, 아이
를 데리고 있었다. 나는 아이가 그의 아들이라고 생각했는데,
사실은 그렇지 않았다. 아이는 화상을 입은 어떤 젊은 여자의
아들이라고 했다. 며칠이 지났는데 아직도 공식적인 절차를
밟아가면서 아이의 엄마가 누구인지 알아내려 애쓰고 있다는

---

3 via Roma. 이탈리아의 도로명은 대부분 '길'을 뜻하는 비아로 시작된다. 이것을
'로'나 '가'나 '거리'로 옮기지 않고 그냥 비아로 옮긴다. '비아 로마'는 이탈리아 도
시나 소읍에서 가장 흔히 만날 수 있는 길 이름이다. 파시즘 시대에 행정구역에 이런
이름의 거리를 하나씩 두도록 법령으로 강제한 결과이다. 그래서 오늘날에도 파시즘
잔재를 청산하려는 일부 도시를 제외하고는 '비아 로마'를 곳곳에서 찾아볼 수 있다.

것이었다.

나는 즉시 자동차를 타고 수용 센터로 달려갔다. 마음이 급했다. 낭비할 시간이 없었다. 만약 그 엄마가 입원한 병원에서 나와 우리가 모르는 어딘가로 이송되면, 우리는 모자가 만나도록 도와줄 수가 없을 터였다. 사람들은 아이의 이름을 몰랐기 때문에 그냥 줄리오라 부르고 있었다.

나는 하선하던 날 아이를 품에 안고 있었던 그 남자를 찾아가서, 줄리오의 엄마가 어떻게 생겼는지 말해보라고 부탁했다. 그 여자는 팔레르모의 병원에 입원한 여자들 중 하나였다. 우리는 즉시 모자가 만나는 데 필요한 조치들을 취했다. 그러고 몇 시간이 지나서, 엄마와 아이는 다시 함께 있을 수 있게 되었다. 우리가 드디어 알아낸 아이의 진짜 이름은 에반이었다.

빨간 구두 한 짝

파발로로 방파제에 놓인 빨간 구두 한 짝. 그 작은 구두 한 짝에 이어서 나타난 숱한 다른 구두들. 아무 데로도 통하지 않는 어떤 길을 따라 흩어져 있는 조약돌들 같다. 그 길은 갑자기 끊긴다. 마치 희망이 다른 세상에 닿기라도 한 것처럼.

그 작은 구두들은 반복해서 찾아오는 내 악몽의 하나이다. 내가 쉴 새 없이 하나하나 검안을 해야 했던 그 작은 시신들에 달려 있던 사슬 장식이며 목걸이며 팔찌처럼 자꾸자꾸 생각난다. 소름을 돋게 하는 녹색 자루들에서 차례차례 나오던 그것들.

예전에 람페두사섬에서 내 또래의 아이들은 구두를 신지 않았다. 굳은살이 박인 발바닥이 우리의 신발창이었다. 우리는 맨발로 학교에 다녔다. 고깃배를 탈 때도 섬의 고샅길에서 놀 때도 맨발이었다. 우리 섬으로 말하자면, 어느 뭍에서든 너무 멀리 떨어져 있는 섬이고, 넓디넓은 바다 한복판에 떠 있는 바위섬이다. 다른 세상에서 아주 멀고도 매우 아름다운 섬. 방문객들을 숨이 멎을 정도로 놀라게 하기도 하고, 일종의 아프리카 병이 생기게 하기도 하는 섬. 사람들을 거대한 자기장처럼 끌어들일 수 있는가 하면, 신화에 나오는 키르케라는 마녀처럼 사람들을 호리고 유혹할 수 있는 섬이다.

아무튼 우리는 큰 행사가 있지 않는 한 구두를 신지 않았다.

사실 람페두사에서는 큰 행사가 자주 열리지 않았다. 아니, 거의 열리지 않았다. 그래도 우리 섬의 미래를 바꿔줄 중요한 행사가 열린 적은 있었다. 민간 공항 개항식이 바로 그것이었다. 그 행사가 어찌나 중요했는지, 우리 모두가 평소에 신기 싫어하던 구두를 신으라는 요구를 받았다. 메초조르노 부(部) 장관, 즉 남부이탈리아 부 장관인 파올로 에밀리오 타비아니를 환영하는 뜻에서 그래야 한다는 것이었다. 그 장관은 람페두사 사람들이 항의의 뜻으로 선거를 집단적으로 거부하고 난 뒤에 공항 건설을 추진하겠다고 공약한 인물이라고 했다. 우리는 풀을 빳빳이 먹인 낙낙한 덧옷을 차려입고 둘씩 짝을 지어 교실에서 줄을 지어 나왔다. 선생님들이 우리와 동행했다. 평소와 다르게 모든 것이 완벽해야 했다. 가던 길에 갑자기 나는 구두 한 짝이 없어졌음을 알아차렸다. 나는 신발을 찾기 위해 줄에서 빠져나왔다. 담임선생님이 나를 따라왔다. 그이는 내가 감히 저지른 그 건방진 행동을 용서하지 않는 분이었다. 하지만 어쩌랴. 신발 한 짝을 잃은 채로 집에 돌아갈 수는 없는 노릇이었다. 나에겐 신발이 그것 한 켤레밖에 없었고, 다른 신발을 사기에는 우리 집이 별로 넉넉하지 않았다. 몇 분 뒤에 나는 두 발에 구두를 신고 제자리로 돌아왔다. 그리고 우리는 공항에 다다랐다.

성대한 의식이 거행되었다. 람페두사 사람들이 생존을 위해 투쟁한 것을 기념하기라도 하는 듯했다. 그런데 그런 의식을 거행할 만했다는 것을 나는 나중에 가서야 깨달았다. 사실 람페두사에서는 사람들이 그저 유행성감기 합병증으로도 죽어가고 있었다. 뭍까지 배로 환자를 이송하는 데는 시간이 많이 걸렸고, 겨울에는 배가 항구에 몇 주일 동안 머물러 있기가 일쑤였다. 구조용 수상비행기 '그루만'이 이따금 바다에 내렸지만, 그건 아주 예외적인 경우였다. 그루만을 기다릴 수 없는 상황에서는 군용의 다른 비행기를 쓸 수 있게 해달라고 도움을 청했다. 그러나 그 비행기들이 우리 섬에 도달하자면 몇 시간이 걸렸다. 게다가 대개는 너무 늦게 왔다.

내가 의과대학을 졸업하고 산부인과 전문의가 되어 1980년대 말 람페두사에 돌아왔을 때, 나는 우리가 항공 이송 서비스를 상시적으로 이용할 수 있도록 하기 위해 싸움을 벌였다. 시칠리아의 팔레르모에 몇 번 다녀오고 났더니, 지방정부가 우리의 이송 서비스를 위해 6억 리라를 지원하겠다는 결정이 내려졌다. 내가 보기에 그건 예외적인 진전이었다. 드디어 람페두사 사람들에게도 병원에 빨리 도달할 수 있는 길이 열린 것이었다. 그로써 우리는 예전보다 덜 고립되어 있다는 느낌을 갖게 되었다. 초기에는 탑승할 의사를 따로 구할 수 있는 형편이 못 되어서, 내가 자원해서 환자들과 함께 비행기를 탔다. 그런데 그 비행기 한 대로는 충분하지 않았다. 그 비행기는 람페두사에서 40킬로미터 떨어진 리노사섬에 갈 수가 없었다. 그건 우리가 받아들일 수 없는 또 다른 차별이었다. 몇 해 지나서 비행기는 헬기로 대체되었고, 우리는 조금씩 목표에 도달했다.

그런데 20년 뒤에 참으로 공교로운 일이 벌어졌다. 헬기를 타고 병원으로 이송되는 사태가 나에게 일어난 것이다. 나는 발작을 일으켰고, 마비에 빠질 위험에 놓였다. 하지만 그들이 나를 구해주었다. 내가 전기 충격이며 자극을 받아 온전히 곤경에서 벗어날 수 있었던 것은 그들 덕분이다. 우리의 협조를 구했고 여전히 구하고 있는 그 남자들과 여자들과 아이들. 아주 강력하고도 품위 있게 도움을 청하는 그들이 있기 때문이다. 어쨌거나 그 충격이 아주 고약하긴 했지만 말이다.

어떻게 익숙해질까?

　때로는 이 일을 못 하겠구나 하는 생각이 든다. 이 리듬을 견디지 못하겠다는 생각, 특히 이토록 많은 괴로움, 이토록 많은 아픔을 견디지 못하겠다는 생각이 든다. 그런데 내 동료들 가운데 다수는 내가 익숙해져 있으리라고, 사체검안을 하는 게 내가 상투적으로 하는 일이 되어버렸다고 확신한다. 사실은 그렇지 않다. 우리는 죽은 아이들을 대하는 것에 결코 익숙해지지 않으며, 해난 사고 중에 해산을 하고 나서 탯줄이 잘리지 않은 아기를 아직 몸에 붙인 채로 죽어 있는 여자들을 보는 것에 익숙해질 수 없다. 또한 사체에 번호만 남기는 것을 피하고 누구인지 알아내어 이름을 주기 위해서는 시신에서 손가락이나 귀를 잘라내어 DNA를 추출해야 하는데, 그런 행위에는 도통 익숙해지지 않는다. 매번 녹색 자루를 열 때마다, 처음으로 그 일을 하는 기분이 든다. 어느 시신에서든 기나긴 여행의 비극을 증언하는 표시들을 찾아볼 수 있기 때문이다.

흔히들 난민들의 어려움은 그저 바다를 횡단하는 데에 있으리라고 생각한다. 하지만 바다를 건너는 것은 마지막 단계일 뿐이다. 나는 오랫동안 그들의 이야기를 들었다. 그들이 자기네 땅을 떠나 이주의 길에 나서게 된 사정. 그리고 사막에서 겪은 일. "사막은 지옥이에요"라고 그들은 말한다. "사막에 있어보지 않은 사람은 이해할 수 없어요. 사륜구동 차에 짐짝처럼 잔뜩 실려서 물도 별로 없이 달려가야 하는데, 자리를 잘못 잡으면 차 밖으로 튕겨 나가서 죽음을 맞기가 십상이에요. 물이 떨어지면 살아남기 위해서 오줌을 마실 수밖에 없어요. 리비아에 다다르면 그 악몽에서 벗어났다고 생각하기 쉽지만, 그건 또 다른 고난의 시작이에요. 감방에 갇히고, 고문과 가혹행위를 당하죠. 그 모든 것을 이겨내고, 그런 잔학 행위를 견뎌내야만 배를 탈 수 있어요. 그리고 바다에서 죽지 않아야 마침내 육지에 도착해서 다시 삶을 시작하리라는 희망을 품게되는 거죠."

나는 온갖 것을 조금씩 다 보았다. 여기, 람페두사에서.

어느 날 아침, 모터보트에서 내리던 한 여자가 눈에 들어왔다. 아프리카 서쪽 끝 감비아에서 오는 길이라는데, 그 모습이 매우 아름다웠다. 화려한 빛깔의 옷을 입고, 한 손에 여행 가방을 들고 있었다. 그 품새가 마치 어느 기차역에 도착한 열차에서 내리는 부인 같았다. 품위가 있고 태도가 당당해서 주위의 눈길을 끌지 않을 수 없었다. 여자는 비로소 모든 고통에서 벗어났다는 듯한 인상을 주고 있었다. 나는 여자가 버스에 타는 것을 지켜보았다. 버스는 여자를 수용 센터로 데려갈 것이었다. 나는 버스에 함께 타서 그녀의 이야기를 들어보고 싶었다. 그녀의 항해 여행과 고통과 되찾은 희망에 관한 이야기를 들어보고 싶었다. 하지만 버스가 모퉁이를 돌아 사라지는 사이에, 나는 현실과 내 일로 돌아와야 했다.

그다음에 나는 팔레스타인에서 온 가족들을 만났다. 그들은 자기네 나라에서 전쟁이 벌어지는 탓에 피란처를 찾아 시리아에 갔었는데, 거기도 또 다른 전쟁의 한복판인 것을 알고 원점에서 다시 시작해야 했다. 또 다른 여행을 하고, 또 다른 시련을 겪어야 하는 사람들이었다.

시리아에서 온 가족들도 보았다. 그들은 고향을 떠난 아픔을 가장 심하게 느끼는 사람들 같았다. 잠시 피란하면 되는 줄 알고 자기네 나라를 떠났는데, 이젠 이미 익숙해진 자기네 생활 방식을 잊어버리고 전혀 다른 삶을 찾아야 하는 사람들이었다.

첫 이민자들이 람페두사에 상륙하기 시작한 지 20년이 넘었다. 우리 섬사람들은 그들이 어디에서 왔는지를 가리지 않고 그냥 '터키인들'이라고 불렀다. 그들은 자기네 나름의 방식으로 람페두사에 왔다. 작은 배나 고무보트를 타고 와서 바닷가에 바로 닿는 경우가 대부분이었다. 북아프리카 사람들이 특히 많았다. 그때는 그게 새로운 현상이었고, 이민자들의 수도 많지 않았다. 그러다가 모든 게 달라졌다. 갑작스럽게 수치가 달라졌다. 일이 벌어지는 양상도 달라졌다. 오늘날 나는 예전과 다른 조건에서 일을 하며, 그래서 람페두사 사람들의 도움이 필요하다. 내가 낙담에 빠질라치면, 섬사람들이 종종 나에게 힘과 용기를 다시 불어넣어준다.

자스민이 왔을 때 그런 일이 일어났다. 자스민은 800명이 넘는 남녀가 빽빽하게 들어찬 배를 타고 우리 섬에 왔다. 많은 승객들이 배의 화물창에 밀집되어 있었고 모두가 고생이 심했다. 자스민은 이미 양수가 터진 채로 하선했다. 그녀를 다른 승객들처럼 팔레르모로 보낼 수는 없었다. 뱃속의 아기를 살려야 했다. 나는 그녀를 진정시키려고 애를 쓰면서 초음파검사를 통해 아기의 심장과 자그마한 머리를 보여주었다. 태아는 고통을 겪고 있었다. 내가 선택할 수 있는 길은 하나뿐이었다. 회음절개 수술을 하지 않을 수 없었다. 그건 위험이 따르는 일이었다. 수술은 성공적으로 이루어졌다. 자스민은 아주 예쁜 딸을 낳았다. 큰 선물이었다. 자스민도 자기가 선물을 받았다는 듯, 딸에게 '기프트'라는 이름을 지어주었다.

정말 놀라운 일은 바로 뒤에 벌어졌다. 한밤중에 기진맥진한 몸으로 하얀 가운에 피를 묻힌 채로 분만실을 나섰다가, 밖에서 나를 기다리고 있던 수많은 엄마들과 마주쳤다. 갓난아기 '기프트'를 맞이하기 위해 기저귀, 옷, 작은 선물 등 온갖 물건들을 가지고 온 람페두사의 여자들이었다.

한번은 우리 보건소에 뭔가 부족한 것이 있다는 사실을 깨달았다. 임신한 여자들이 보건소에 들를 때 자기네 아이들을 데리고 오는 경우가 자주 있었다. 하얀 가운을 걸친 의사가 이상한 장치들로 가득 찬 방으로 엄마를 데려갈 때면, 아이들은 매우 불안한 표정으로 그 모습을 지켜보았다. 우리는 그 아이들을 생각해서 아주 간단한 아이디어 하나를 냈다. 엄마가 진료를 받는 동안 아이들이 여러 가지 활동을 하며 즐거운 시간을 보낼 수 있도록 진료실 옆에 예쁘게 색칠한 놀이방을 만들자는 것이었다. 이 아이디어는 효과가 아주 좋았다. 아이들은 엄마의 진료가 끝나도 더 놀다 가려고 고집을 부리기가 십상이었다. 그래도 작은 선물을 주면서 설득하면, 아이들은 장난감들이 있는 그 놀이방에서 나와 엄마와 함께 돌아가곤 했다.

아기가 태어나게 하는 것, 그리고 우리가 분만을 도와준 여자의 입가에 미소가 어리는 것을 보는 것은 언제나 큰 기쁨이다. 2016년 어느 봄날, 이민자들이 배에서 내리던 때에 나는 세 명의 임신부를 검진했다. 그중에 나이지리아 출신의 젊은 여자가 있었다. 조이라 불리던 그 아름다운 여자는 임신한 지 4개월이 된 몸이었는데, 남편이 곁에 없었다. 인신매매업자들이 사막에서 그녀와 남편을 서로 떼어놓았다는 것이었다. 억지로 두 사람을 따로따로 있게 만들었는데, 조이는 그것에 저항할 수가 없었다. 그저 그들에게 납치되었다가 배에 타기 전에 풀려났다. 남편이 어떻게 되었는지는 전혀 아는 바가 없었다.

"제발 부탁이에요. 저는 우리 아이가 아버지 없이 자라는 것을 원치 않아요." 그녀가 나에게 애원했다. "우리는 아이가 더 좋은 곳에서 태어나게 하려고 모든 위험을 무릅썼어요. 선생님은 제 남편을 어떻게 찾을 수 있는지 아시잖아요. 제발, 저를 도와주세요."

그들을 앞에 두고 우의적인 눈빛을 주고받을 때면, 나는 그저 그들을 진료하는 의사가 아니다. 나는 그들이 사랑하는 사람을 되찾고 헤어진 가족을 재회하게 만들어주는 구명부표가 된다. 비록 조이의 경우는 불가능했지만, 나는 그들에게 그런 희망을 갖게 할 수 있는 사람이다. 아니면 그런 희망을 주지는 않더라도, 그냥 그들이 자기네가 겪은 비극을 이야기할 수 있는 유일한 사람이다. 그들을 상대로 초음파검사를 하고 나면, 다수의 젊은 여자들이 나에게 무서운 것을 요구한다. 뱃속에 있는 것이 사랑의 결실이 아니라 어떤 폭력의 비극적인 결과이므로, 그것을 모체에서 분리하고 싶다는 것이다.

어느 날, 보건소에 열일곱 살짜리 나이지리아 여자인 사라가 왔다. "저, 죽고 싶어요" 하고 그녀는 자꾸자꾸 되뇌었다. 강박 상태에 빠져 있는 것 같았다. 사라는 150명의 다른 사람들과 함께 하선했다. 그 가운데 여자가 다섯 명 있었는데, 모두 아주 젊고 임신 중이었다. 사라와 함께 바다를 건너온 여자들이 들려준 이야기에 따르면, 사라는 여러 번 스스로 목숨을 끊으려 했다. 어찌나 절망이 심했던지 병실에서 들것에 실려 있다가 몸을 던진 적도 있다는 것이었다.

나는 사라에게 초음파검사를 받게 했다. 임신 18주째에 들어서 있었다. 나는 모니터를 보여주려고 했지만, 사라는 그저 울기만 했다. 나는 그녀를 위로하려고 했다. "그러지 말아요, 곧 알게 되겠지만 아무 문제가 없어요." 도대체 내가 누구를 상대로 이런 말이 먹힐 거라고 기대했을까?

그러자 사라는 내 눈을 똑바로 바라보면서 말했다. "저는 아기 아버지가 누구인지도 몰라요. 다섯 남자가 저를 겁탈했어요. 다섯 놈이 돌아가며 강간을 저질렀다고요. 놈들이 그 짓을 하다가 그만둔 것은, 힘이 다 빠져서 저를 더 괴롭힐 수 없었기 때문이에요. 선생님, 어떻게 생각하세요? 지금이든 미래에든, 제 뱃속에 들어 있는 것이 제 눈에는 무엇으로 보일까요?"

사라의 이야기는 애통했다. 가증스러운 망골들의 악행에 관한 이야기였다.

나는 그녀가 잘못 생각하는 거라고 말할 수 없었다. 그래서 팔레르모에 있는 보건 공사의 의사들과 사회복지사들에게 전화를 걸었다. 이튿날, 우리는 사라를 헬기로 이송했다. 사라는 임신 중절 수술을 받았고, 이제는 어떤 기관으로 옮겨져 계속 보호를 받을 것이다.

사라처럼 자기에게 벌어진 일을 나에게 이야기하는 젊은 여자들이 많다. 아마 다른 사람들에게 털어놓을 수 없는 무거운 짐에서 벗어나기 위해 이야기를 하는 게 아닌가 싶다. 그러고 나면 그들은 낙태를 시켜달라고 부탁한다. 그들은 아무도 모르게 해주기를 원한다. 자기들이 겪은 수치가 가족의 수치로 이어지지 않을까 걱정한다. 고국에 남아 있는 가족이 도저히 받아들일 수 없는 수치를 자기가 겪었다고 생각하는 것이다.

지난 몇 년 동안 임신한 여자들이 람페두사에 아주 많이 왔다. 어느 날 밤, 임신부 다섯 명이 배에서 내렸다. 나는 다른 이민자들을 검진해야 했기 때문에 그 여자들을 보건소에 데려 갈 수 없었다. 그래서 의사이자 나를 늘 따라다니며 도와주는 통역 겸 문화중재자인 엘레나를 불러, 그들을 데려가달라고 부탁했다. 나는 되도록 빨리 그들을 보살피러 가겠다고 약속 했다.

그들 중에 임신 8개월에 접어든 여자가 있었는데, 왠지 불 안한 느낌을 주었다. 고통을 심하게 느끼는 듯했다. 나는 엘레 나에게 말했다.

"이 여자를 먼저 보는 게 좋겠어요. 바로 초음파검사를 하세 요. 너무 안 좋아 보여요."

부두에서 이민자들 검진을 끝내고 보건소로 돌아갔다. 엘레 나를 다시 만났더니 눈이 벌게져 있었다. 눈물을 흘린 모양이 었다.

"무슨 일이에요?" 그녀에게 물었다.

"그 여자의 증상이 좋지 않아요……. 내가 보기엔 아기가 죽 었어요."

나는 초음파검사실에 가서 다시 검진을 해보았다. 엘레나가 제대로 본 거였다. 아기의 심장이 멎어 있었다. 아기는 여행 의 시련도, 제 엄마가 참아낸 스트레스도 이겨내지 못한 것이 었다. 그 젊은 여자는 즉시 상황을 알아차렸다. 우리 얼굴에는 밝은 기색이 전혀 없었다. 모니터를 보아야 생명이 없는 작은 몸의 영상만 보일 터이니, 그녀에게 보라고 권하지도 않았다. 우리는 그 소식을 알려주었다. 여자는 아무 말도 하지 않고 눈을 감았다. 눈물이 두 뺨을 타고 흘러내렸다. 여자는 소리 없이 울었다.

우리는 그녀를 헬기에 태워 팔레르모의 병원에 보내기로 했다. 나는 사회복지사들에게 전화를 걸어 그녀를 격려하고 위로해주라고, 혼자 있지 않도록 보살펴주라고 부탁했다.

그 여자는 수술을 받았다. 뱃속에 있던 아기는 잘생긴 사내아이였다고 했다. 그 소식을 들으니 엄청난 무력감과 패배감이 엄습해왔다. 나는 검진을 하면서 아기의 성을 확인할 생각조차 하지 않았다. 그런 것에 신경을 쓰기도 어려운 상황이었다.

그 젊은 여자는 병원에서 나와 여성 전용 수용 시설로 이송되었다. 그 뒤로 그녀가 어떻게 되었는지는 전혀 소식을 듣지 못했다.

영혼의 상처

나는 대가족 출신이다. 우리 집에는 딸 다섯에 아들 둘, 일곱 자식이 있었다. 내 남동생 밈모는 한 살 반 때에 뇌막염에 걸렸다. 제때에 진단하면 후유증을 피할 수 있는 질병이지만, 당시에는 그러기가 쉽지 않았다. 내 동생은 뇌에 손상을 입었고, 우리 부모는 어쩔 수 없이 아이를 정신병원에 보내야 했다. 람페두사에는 정신의학 분야의 환자라는 개념이 없던 시절이었다. 그리고 가족들은 그렇게 무겁고 다루기 어려운 짐을 직접 감당할 수 없었다.

엄마는 시칠리아섬의 아그리젠토로 밈모를 보러 갈 때마다, 거의 딴사람으로 보일 만큼 피폐한 모습으로 돌아오곤 했다. 어느 날, 나는 엄마랑 같이 가겠다고 고집을 부렸다. 왜 엄마가 거기를 방문할 때마다 그토록 괴로움을 겪는지 알고 싶었다. 마음 한구석으로는 엄마가 거부하기를 은근히 바랐지만, 결국 엄마는 나를 데려갔다. 동생을 만나보니, 벌거숭이인 데

다가 여기저기에 멍이 들고 찰과상을 입은 모습이었다. 동생은 횅한 공간을 이리저리 거닐고 있었는데, 내 느낌에는 그 공간이 실제적인 대화나 소통이 이뤄지지 않는 장소, 익명성 속에서 자기 자신만을 대면하는 공간으로 보였다. 검은색만 보이고 다른 색은 보이지 않는 공간, 무엇보다 온기가 전혀 느껴지지 않는 공간이었다. 바닥은 그저 혐오스런 변소 바닥 같았다. 더러운 시트며 오줌에 절어 악취 나는 매트리스 같은 오물들이 도처에 널려 있었다. 그리고 인정이나 인간미라 할 만한 것은 어디에도 없었다. 그곳의 영혼들은 피폐한 정신의 지옥뿐 아니라 또 다른 지옥에서 배회하고 있었다. 나는 혐오감과 분노를 느꼈다. 내 동생을 데리고 당장 떠나고 싶었다. 하지만 우리가 그럴 수 없다는 것을 나는 잘 알고 있었다.

돌아오는 길에 내가 직접 본 것을 놓고 오랫동안 생각했다. 마음이 편치 않았다. 어머니가 거기에 다녀오실 때마다 보여주던 찡그린 표정과 생기를 잃은 눈빛이 비로소 이해가 되었다. 그건 세상에서 가장 소중한 존재인 자기 아들을 구하기 위해 아무것도 할 수 없는 사람의 표정이고 눈빛이었다.

길고 복잡한 싸움이 벌어진 끝에 그 정신병원은 결국 문을 닫았다. 우리는 동생을 시칠리아섬의 아라고나에 있는 가정집 형태의 보호 시설로 옮겨주었다. 그곳은 합리적인 규모로

운영되는 새로운 형태의 보호 시설이었다. 그것은 어머니에게도 나에게도 작은 위안이 되었다. 하지만 내 마음속에 생긴 그늘은 오래도록 가시지 않았다. 여러 해가 지나도록 불안이 가시지 않았다. 마치 풀리지 않는 매듭이 나를 혼란스럽게 만들고, 딱히 뭐라 표현할 수 없는 끈질긴 불안감을 키워주는 것 같았다.

나중에 대학에 갔을 때 나는 그것에 관해 더 많은 것을 알고자 노력했고, 정신 질환의 개념을 혁명적으로 바꾼 정신과 의사 프랑코 바살리아[4] 덕분에 이루어진 정신 질환 치료의 새로운 방식에 관한 글들을 구해서 읽었다. 결국 나는 한 가지 사실을 깨달았다. 정신 장애가 있는 아이들과 청소년들을 위해 람페두사에서 우리가 해야 할 일은 그들이 혼자라고 느끼지 않도록 해주는 것이었다. 오늘날 우리는 부분적으로 성공

---

4 민주적인 정신의학을 주창하며 이탈리아 정신 질환 치료 체계를 혁신한 정신과 의사(1924-1980). 파도바 의대 재학 시절, 파시즘에 반대하는 운동에 참가했다가 감옥에 갇히는 시련을 겪었다. 이 경험은 '감금과 억압'이라는 정신 질환 치료의 기존 패러다임을 새롭게 바꾸는 운동으로 이어졌다. 1978년 그가 제안한 '바살리아 법(제108호 법)'이 국회를 통과함으로써 폐쇄 시설이던 이탈리아의 정신병원들을 해체하는 사업이 시작되었다. 바살리아는 1980년에 뇌종양으로 사망했지만, 그의 아내인 프랑카 옹가로와 다른 의사들 및 정치인들에 의해 그 사업은 계속 진행되었다. 1990년대 말에는 이탈리아의 모든 정신병원이 사라지고, 지역의 의사와 심리 치료사와 사회사업가 등이 함께 참여하는 지역 정신보건 센터들이 그 역할을 대신하게 되었다.

을 거두었다. 우리는 그들이 도움과 의료 지원을 받을 수 있는 센터, 그들이 함께 있을 수 있는 센터, 그들이 놀고 만들고 요리하고 색칠하고 즐겁게 누릴 수 있는 센터를 마련했다. 매일 아침 미니버스가 집으로 찾아가 그들을 태우고 보건소에 내려준다. 가능한 경우에는 나도 그들과 함께 몇 시간을 보낸다. 때때로 이런 생각이 든다. 아마도 내 동생의 질병에서, 우리 가족의 비극에서, 우리 어머니의 끝없는 고생에서 작은 나무가 생겨났고, 그것이 뿌리를 깊이 내리고 있다는 생각이.

몸의 상처를 치료하는 것은 내가 하는 일이다. 나는 고통을 덜어주기 위해 최선을 다한다. 그런데 나를 슬프게 하는 것들 가운데 하나는 영혼의 상처를 치유하는 수단을 가지고 있지 않다는 것이다.

매일 우리 해안에 닿는 무수한 난민들에 대해서 생각해보면, 우리는 그들의 신분을 확인하여 그들을 한낱 숫자가 아니라 어엿한 인간으로 대접하기까지 많은 어려움을 겪는다. 기껏 한다는 것은 그들이 잔혹한 고통을 겪었음을 알거나 그들이 바라던 바를 이루지 못하고 죽었음을 알았을 때 슬픔을 느끼는 것 정도이다. 우리는 구조대원의 품에 생명을 잃은 아이가 안겨 있는 것을 보고 충격을 받는다. 우리는 감동을 받기도 하고 울기도 하지만, 그것은 영화를 볼 때 그러는 것과 별반 다르지 않다. 한때 그러다가 잊어버리는 감정이기 때문이다. 모든 게 단순해지고 평범해진다. 우리가 그 문제를 마주하는 방식에는 복합성이 존재하지 않는다.

도움을 받기 위해 이탈리아에 오는 사람들은 약하고 감정적으로 상처받기 쉬우며 내적인 고통을 겪지만, 우리는 그 문제를 거의 제기하지 않는다. 어쩌면 우리도 모르는 사이에 그들을 우리와 영혼이 다른 사람들로 보면서 관심을 덜 갖는 것일 수도 있다. 하지만 배고픔과 전쟁을 피해서 오는 사람들을 도울라치면, 심리 치료사의 역할이 꼭 필요하다. 바로 그런 사정 때문에 나는 무력감을 느끼고 그들에게 답을 주지 못하는 경우가 있다. 그런 일은 이미 여러 번 있었고, 여전히 벌어지고 있다.

몇 해 전의 일이다. 150명의 젊은이들이 람페두사에 상륙했다. 나는 여느 때처럼 부두에 나가 그들을 검진했다.

그들이 옴에 걸리지 않았다는 것을 확인하기 위해 우리는 먼저 그들의 손을 살펴본다. 그다음에는 남자들에 대해서만 티셔츠를 들어 올리거나 바지를 내리게 해서 몸의 나머지 부분을 검사한다. 옴진드기는 등이나 엉덩이나 샅굴 부위에 숨어 있기 때문이다. 그건 빠르게 끝나지만 빼놓을 수 없는 검사이다.

어느 순간, 나는 나이지리아에서 온 스물여섯 살 청년과 마주했다. 나는 그의 손을 검사하고, 티셔츠를 들어 올려서 등과 배를 살폈다. 그런데 청년은 바지 내리는 것을 한사코 거부했다. 내가 설득해보았지만 소용이 없었다. 청년은 거부의 뜻으로 고개를 완강하게 흔들었다. 눈에는 겁먹은 기색이 어려 있었다. 나는 청년의 고집에 놀라서 결국 포기를 하고 검진을 이어갔다.

그 뒤로 몇 시간 동안 그 청년의 단호한 거부에 대한 생각이 머릿속에서 떠나지 않았다. 아마도 청년은 수치심이 많아서 자기의 은밀한 부위를 드러내지 않았으리라는 생각이 들었다. 그래도 청년의 행동에는 뭔가 보통 사람과 다른 구석이 있었다.

이틀 뒤에 수용 센터의 의사가 나에게 전화를 했다. 난민 한 사람에게 심각한 문제가 있으니 보건소에서 그를 검사해주면 좋겠다는 것이었다. 의사는 무슨 문제인지 말하지 않았고, 다른 말을 보태지도 않았다. 하지만 그 난민 때문에 신경을 많이 쓰는 눈치였다. 나는 그 난민을 보내라고 말한 다음, STP 확인서, 즉 임시 체류 외국인 확인서를 작성하기 시작했다. 이 확인서는 이민자들이 이탈리아의 모든 영토에서 무료로 의료 지원을 받을 수 있게 해주는 아주 중요한 문서이다. 6개월 동안 유효하지만, 필요한 경우에는 동일한 기간 동안 더 사용할 수 있도록 갱신되기도 한다. 이민자들 중에는 이 문서를 원하지 않는 사람들이 많다. 자기들의 신분이 분명하게 드러나는 것을 두려워하는 것이다. 하지만 나는 그들에게 설명한다. 이 문서가 있으면 공공 의료기관에서 치료를 받을 수 있으니, 아주 중요하다고. 그리고 학회나 의료 세미나에 참석할 때마다, 내 동료들에게 이 문서의 중요성을 이해시키려고 애쓴다.

내가 이 문서의 마지막 부분을 작성하고 있는데, 문 앞에 내 뇌리를 떠나지 않았던 바로 그 청년이 나타났다. 부두에서 샅굴 부위에 대한 검사를 거부하던 그 남자 말이다.

나는 청년을 맞아들여 탈의를 하라고 요구했다. 청년은 앞서 그랬던 것처럼 거부 의사를 표명했다. 나는 수용 센터에서 그를 여기로 보낸 것은 그가 검사를 받아야 하기 때문이라고 설명했다. 하지만 청년은 여전히 고집을 버리지 않았다. 그는 불편하고 혼란스럽고 어찌할 바를 모르는 기색이었다.

나는 어떻게 해야 할지 알 수가 없었다. 분명히 두려움에 사로잡힌 그의 기색에는 뭔가 이해할 수 없는 구석이 있었다. 무엇을 두려워하는 것일까? 내가 그에게 무슨 짓을 했던 것일까? 그가 무서워하던 어떤 것이 있었을까? 내 인내심이 한계에 닿으려는 찰나였다. 그가 갑자기 허리띠의 버클을 끄르고 지퍼를 열고 바지를 내리더니, 더 나아가 팬티까지 아래로 젖혔다.

나는 피가 얼어붙는 듯했다. 구역질이 나려고 했다. 그의 얼굴을 볼 수가 없었다. 그가 내 눈을 보면 내가 느끼고 있는 공포를 알아차릴 거라는 생각이 스쳤기 때문이다. 이제 무엇을 해야 할지 알 수가 없었다. 우선 무어라고 말을 해야 하는데, 말이 떨어지지 않았다.

청년의 두 다리 사이에는 고환이 있었고, 그 사이에는 구멍이 나 있었다. 음경이라고 할 만한 것은 흔적도 보이지 않았다. 어떤 자들이 그것을 싹둑 잘라버린 것이었다. 그 가엾은 청년은 거세를 당한 모양이었다.

오싹 소름이 끼쳤다. 어떤 자들이 스물여섯 살 청년에게서 정상적인 삶을 누릴 가능성을 모두 앗아가버렸다. 나는 비로소 모든 것을 분명히 깨달았다. 청년이 옷 벗기를 거부하고, 수용 센터의 의사가 나에게 아무런 설명을 하지 않았던 이유를. 나는 그와 비슷한 사례를 본 적이 없었다.

나는 용기를 내어 마침내 그를 바라보았다. 그의 눈에는 온갖 감정이 어려 있었다. 하지만 무엇보다 두드러져 보였던 것은 자신의 절단된 몸을 보여주어야 할 때에 느끼는 엄청난 수치심이었다.

나는 청년에게 무슨 일이 있었는지 말해달라고 부탁했다. 청년은 한참 침묵을 지켰다. 그러더니 힘을 내어 이야기하기 시작했다.

"저는 나이지리아에서 잘 지내고 있었어요. 아주 예쁜 아가씨랑 약혼을 했고 곧 결혼할 예정이었어요. 저희는 큰 계획을 세웠고 아이들을 낳고 싶었어요. 부유하게 살지는 않았지만, 그렇다고 가난하지도 않았어요. 제가 버는 것으로 충분했고, 장차 저희 가족이 편안히 먹고살 수 있도록 벌어놓기도 했어요. 저는 행복했어요. 저희 두 사람 모두 행복했죠. 그러던 어느 날, 이 모든 것이 끝나버렸어요. 긴 세월에 걸친 사랑과 그 모든 꿈들이 한순간에 파괴되어버렸죠.

저는 약혼녀와 함께 거리에서 산책을 하고 있었어요. 그때 젊은이들 한 무리가 제 약혼녀를 상대로 음란한 휘수작을 늘어놓기 시작했어요. 처음에 저는 꾹 참았어요. 약혼녀도 저한테 가만히 있으라고 말했어요. 녀석들이 그러다가 말고 가버릴 거라 생각한 거죠. 그런데 그 잡놈들이 우리 쪽으로, 그녀 쪽으로 다가오기 시작했어요. 그 다가드는 기세가 갈수록 위압적이어서 도저히 참을 수가 없었어요. 결국 저는 위험을 생각하지 않고 그들에게 덤벼들었죠. 발길질을 하고 주먹을 날렸지만, 저는 혼자였어요. 놈들은 네 명이었고요. 내 약혼녀는 소리를 지르기 시작했고, 간절한 목소리로 도움을 요청했어요. 하지만 아무도 나서주지 않았어요. 그러자 놈들은 나를 붙잡아 때리기 시작했어요. 다행히도 그 틈에 그녀는 거기에서 도망쳐, 우리 집으로 돌아간 다음 나를 구해야 한다고 사람들에게 말했죠.

그러는 사이에 놈들은 나를 계속 때렸어요. 나는 머리, 배, 아랫도리를 가리지 않고 온몸에 구타를 당하고 있었지만, 너무 맞아서 통증조차 느끼지 못했어요. 놈들이 때릴 때마다 제 얼굴, 제 입에는 흙먼지가 가득했어요. 길에서 일어난 흙먼지가 눈과 콧속으로 들어왔어요. 제 눈에는 아무것도 보이지 않았어요. '결국 이놈들은 이러다가 말 거야'라고 생각했죠. 저 자신에게 용기를 주자고 그렇게 생각한 겁니다.

하지만 그 깡패들은 그것만으로는 성이 차지 않았어요. 그들은 저를 몇 십 미터 끌고 가서 버려진 오두막집으로 옮겨놓더군요. 저는 숫제 공황 상태에 빠져버렸어요. 그들이 저를 어쩌려는 건지 짐작도 되지 않았어요. 그저 저를 죽이지는 않겠지 하고 생각했을 뿐이에요.

실제로 그들의 목표는 제 목숨을 빼앗는 데 있지 않았어요.

그건 너무 흔해빠진 짓이라서 그들로서는 충분한 즐거움을 얻을 수 없었는지도 모르죠. 그들은 제 고통이 절대로 끝나지 않기를 바랐어요. 저는 남편이 되고 아버지가 되고 한 남자가 될 수 있는 사람이었지만, 그들은 그 가능성을 저한테서 빼앗고 싶어했어요. 그 가능성을 파괴하고 싶어했지요.

놈들 중에서 근육이 가장 울뚝불뚝한 자가 날이 넓은 작은 칼을 꺼냈어요. 또 한 놈은 제 바지를 내려서 아랫도리를 드러냈고요. 그건 한순간에 벌어진 일이에요. 제가 봤어요. 칼날이 허공을 가르더니 제 음경을 싹둑 자르더군요.

놈들은 피에 젖은 저를 바닥에 두고 떠나갔어요. 제 음경을 트로피라도 되는 양 가져갔죠. 조금 뒤에 제 친구들이 저를 구하겠다고 달려왔지만, 이미 너무 늦었어요.

사람들이 저를 병원에 데려갔고, 의사들이 긴급하게 저를 수술했어요. 저는 결국 목숨을 건졌지만, 아무도 저를 찾아내지 못하는 게 더 나았을지도 몰라요. 차라리 그 괴물들이 저를 죽이는 게 좋았을 거예요. 바로 그 순간부터 제 삶은 의미를 잃어버렸으니까요."

청년은 입을 다물었다. 나는 단 한마디도 말문을 떼지 못했다. 그가 말을 이었다.

"저는 아주 빠르게 치유되어 집으로 돌아갔어요. 어느 것도 예전 같지 않았고, 앞으로도 예전 같지 않으리라는 생각이 들더군요. 그래서 저는 결심했어요. 사실 제가 선택할 수 있는 길은 한 가지밖에 없었어요. 떠나는 것, 모든 것을 버리고 떠나서 유럽에 가보는 것밖에 없었죠. 제 나라에서 그놈들이 저한테 저지른 일의 결과를 당당하게 마주하며 살 수 있다면 좋겠지만, 저한테는 그럴 용기가 없었어요. 저는 제 의지와 상관없이 예전의 저하고 전혀 다른 존재가 되었지만, 바로 그 점 때문에 예전처럼 받아들여지지 않으리라는 것을 알고 있었어요. 저는 제 여자나 제 친구들의 얼굴을 바라보며 살 수 없었을 겁니다. 제 어머니하고도 눈을 마주치지 못했을 거예요."

그러더니 눈에 간청하는 기색을 담아 나에게 물었다.

"선생님, 제가 무엇을 할 수 있을까요? 말씀해주세요. 제가 잃어버린 것을 되찾는 방법이 있는지, 잃어버린 것을 되찾지는 못하더라도 그냥 평온한 삶을 다시 살아갈 가능성이 있는지……."

나는 상심에 빠졌다. 그리고 내키지는 않지만 애써 진실을 말하기로 했다. 할 일이 별로 없다는 것, 보철을 한다 해도 그저 성형 치료를 하는 정도에 그치리라는 것, 그것이 진실이었다. 정말 슬픈 것은, 그를 위로하고 그의 마음에 힘을 보태고 용기를 주고 싶은데 아무 말도 하지 못한다는 것이었다. 그 순간에 나는 스스로 쓸모가 없다고 느꼈다.

이윽고 청년이 나에게 작별 인사를 하고, 자기 이야기를 들어줘서 고맙다는 말을 했다. 그러고는 수용 센터의 담당 직원과 함께 돌아갔다.

나는 한 시간 가까이 내 사무실에 앉아 있었다. 꼼짝달싹 못하는 사람처럼, 망연자실하게.

청년은 람페두사에 며칠 머물렀다. 그동안 나를 보러 두 차례 보건소를 다녀갔다. 나는 그를 위해서 아무것도 해줄 수 없었는데, 그는 나를 아주 고마워했다. 그의 일행이 시칠리아의 아그리젠토로 떠나던 날, 나는 배에까지 올라가서 그를 배웅했다. 참으로 온유한 성품을 지닌 그 불행한 나이지리아 청년은 나를 끌어안고 작별인사를 하면서, 슬픈 미소를 마지막으로 한 번 더 보여주었다.

꼬마 아누아르의 슬기

"바르톨로 박사님, 120명이 옵니다. 모터보트들이 항구로 다가오고 있어요. 이제 박사님이 나오셔야겠어요."

나는 늘 이런 전화를 받는다. 항만관리사무소와 직접 연결된 전화로 해안경비대며 재무경찰과 계속 통화를 주고받는 낮이나 밤도 있다. 사람들은 항구에 도착하여 관련된 절차가 이루어지기를 기다린다. 때로는 얼음처럼 차가운 물을 뿌려 대는 바람 속에서 몇 시간을 기다리기도 한다. 그럴 때 우리는 그 모든 사람들이 바다에서 파도에 흔들리고 뼛속으로 스미는 추위에 시달리며 얼마나 많은 시간을 보냈는지 생각한다. 그 남녀들은 대개 바다를 본 적도 없이, 바다를 겪어보지 못한 채로 배를 탔다. 그들은 아마 그런 식으로 바다를 겪게 되리라고는 상상도 하지 않았을 것이다.

그날 아침, 한 젊은 의사가 내 옆에 있었다. 그는 우리가 여기에서 일하면서 무엇을 느끼는지 알고 싶어했다. 열악한 조건에서, 그것도 매번 슬픈 감정에 휩싸인 채로 어떻게 일을 하는지 모르겠다는 식이었다. 그는 '유명한' 파발로로 방파제에 특히 놀랐던 모양이다.

"멋진 부두인 줄 알았더니 부두치고는 상태가 한심하잖아요. 조명도 나쁘고요! 보기가 안타까운 상황이에요. 매일 텔레비전에 나오는 이미지하고는 딴판이라고요."

젊은 의사는 그렇게 툴툴거렸다. 내 대답은 이러했다.

"이곳의 상태가 어떠냐는 별로 중요하지 않아. 중요한 것은 우리가 어디에서 일을 하는가가 아니라 우리가 무엇을 하는가일세. 여기에서는 우리가 단 1분을 잃으면 생명 하나를 잃을 수도 있어."

젊은 동료도 알아차렸겠지만, 그는 우리의 아픈 자리를 건드린 셈이었다. 사실 나는 관계 당국에 여러 번 요청을 했다. 조명 시설을 개선해달라고, 허기지고 추위에 시달린 사람들이 도착했을 때 곧바로 요기를 하고 휴식을 취할 수 있게끔 공간을 마련해달라고. 무엇보다 먼저, 나는 화장실을 설치해달라고 요구했다. 남자들은 그것과 관련해서 문제가 없을지 모르지만, 하선했을 때 여자들이 가장 먼저 원하는 일은 화장실에 가는 것이다. 여자들이 방광에 생긴 심각한 문제 때문에 고통을 겪고 있어서 내가 치료에 나서야 했던 경우가 셀 수 없이 많다. 배를 타고 오는 중에는 부끄럽기도 하고 수치스럽기도 해서 생리적 욕구에 따라 용변을 보기가 쉽지 않은 것이다.

　모터보트는 두 척이었다. 늘 그랬듯이, 많은 여자들과 약간의 아이들이 타고 있었다. 나는 즉시 배에 올라타 그들을 검진했다. 전염병에 걸린 사람은 전혀 없었고, 탈수증과 저체온증을 앓는 사람들이 더러 있을 뿐이었다. 첫 번째로 올라간 배에서, 어린아이 두 명과 더 큰 아이 한 명이 내 눈길을 끌었다. 나는 그 아이들이 내리기 전에 바로 살펴보기로 했다. 먼저 어린아이 두 명은 두 살과 네 살짜리 형제였다. 아주 잘생긴 그 아이들은 많은 사람들 사이에서 엄마를 잃어버릴까 저어하는 듯 엄마에게 그야말로 찰싹 달라붙어 있었다. 한구석에는 조금 더 나이가 든 아이가 혼자 서 있었다. 그 아이 곁에는 어른이 없었다.

　나는 혼자 있는 그 아이에게 다가갔다. 영어를 잘하는 아이였다. 아이는 자기 이름이 아누아르이며 나이지리아에서 왔다고 했다. 아이의 아버지는 보코 하람이라는 단체의 조직원들에게 살해당했단다. 그 무장 단체의 조직원들은 자기들이 나아가는 길에서 만나는 모든 것을 닥치는 대로 파괴하는 근본주의자들이라는 것이었다. 아이가 그런 이야기를 하는 동안, 나는 아이의 목소리에 절절한 증오가 배어 있음을 느꼈다. 아이가 울고 싶지 않을까 싶었다. 그건 나의 바람이기도 했다. 아이가 제발 울음을 터뜨렸으면 좋겠다는 생각이 들었다. 이제 열 살밖에 되지 않은 아이가 울고 싶으면 실컷 울어야 하지 않을까! 하지만 그 바람은 이뤄지지 않았다. 아이가 겪은 일은 아이를 어른으로 만들어버렸다. 아이는 어린 시절의 모든 단계를 건너뛰었다.

아이의 어머니는 자기가 모아둔 약간의 돈을 아이에게 주고, 아이보다 조금 더 나이가 많은 소년에게 아이를 맡기면서 이렇게 말했다. "얘를 보호해줘, 얘를 도와줘, 얘를 여기에서 멀리 떨어진 곳으로 데려가. 나는 이 애가 제 아버지처럼 죽는 것을 원치 않아. 얘는 도망쳐야 해. 나는 여기에 있더라도 이 애만은 살아남아야 해." 아누아르는 어머니를 혼자 두고 싶지 않았고 어머니와 헤어지고 싶지도 않았다. 하지만 결국엔 어머니의 뜻을 따를 수밖에 없었다. 그런데 리비아에 도착했을 때, 아누아르를 보살펴주기로 했던 소년이 아누아르를 버렸다. "나는 이제 너를 돌봐줄 수 없어. 너 혼자 헤쳐나가야 해"라고 말하면서.

"저는 며칠 동안 떠돌아다녔어요. 무엇을 해야 할지도 모르겠고, 어디로 가야 할지도 모르겠더라고요." 아누아르는 눈물을 참으려고 애쓰면서 이야기했다. "그러다가 어떤 노인을 만났는데, 그분이 저를 보살펴주셨어요. 사람들을 감옥에 가두고 고문을 하는 자들하고는 다른 분이었어요. 제가 운이 좋았던 거죠. 그분이 도와주셔서 제가 배를 타고 떠나올 수 있었어요. 저는 제 가족을, 가족의 운명을 책임져야 해요. 제 어머니는 우리가 가지고 있던 약간의 돈을 저한테 주셨어요. 저는 도망쳐야 하고 일을 해야 해요. 나중에 어머니와 누이들 곁으로 돌아가고 싶어요. 알라후 아크바르."

아누아르는 '신은 위대하시다'라는 뜻의 무슬림 표현으로 이야기를 마무리했다.

이번에는 내가 눈물을 억누를 수 없었다. 나 자신이 늙은 현인을 마주하고 있는 바보처럼 느껴졌다. 열 살 나이에 이런 삶을 살다니…… 이건 온당치 않았다. 이런 고난에 무슨 의미가 있단 말인가. 아누아르는 앞으로 어떤 감정을 품게 될까? 그는 어떻게 이 모든 것을 정당화할 수 있을까? 아누아르는 벌써 어른이지만, 정말 성년에 달하면 우리를 어떻게 생각할까?

그날 저녁 나는 맥이 탁 풀린 채로 귀가했다. 무슨 일이 있었는지 아내에게 이야기했다. 그리고 아누아르를 우리 집에 데려오고 싶다고, 임시 보호를 신청하면 데려올 수 있으리라고 아내에게 말했다. 예전에 우리는 이미 그런 일을 해본 적이 있었다.

"피에트로, 그건 좋은 선택이 아니야. 당신도 잘 알잖아." 그녀가 말했다.

불행하게도 또 아내가 옳았다.

제비뽑기에 담긴 운명

어느 날 저녁, 아버지가 항구에서 돌아왔다. 온종일 그물을 수선하고 우리 고기잡이배 케네디호를 정돈하고 오는 길이었다. 우리 어선에 아버지가 그런 이름을 붙인 것은 그 배가 미국 대통령 케네디가 암살당한 해에 건조되었기 때문이다. 우리는 함께 저녁을 먹었다. 그러고 나서 아버지는 가까이 오라고 우리를 불렀다. 그러더니 접은 종이쪽 일곱 장을 가져다가 식탁 위에 던졌다.

"우리는 자식이 일곱 명이다. 나는 너희 모두에게 학비를 대줄 수가 없어."

그러고 나서 아버지는 막내딸인 카테리나에게 종이쪽 하나를 고르라고 했다. 자기 이름이 적힌 종이쪽을 집는 사람은 뭍으로 공부를 하러 가야 한다는 것이었다.

람페두사에는 고등학교가 없었다. 그리고 당시에는 자식들이 공부를 계속하도록 섬 밖으로 보내는 것은 소수의 사람들만이 누릴 수 있는 일종의 사치였다. 아버지가 제안한 그 제비뽑기는 알고 보니 하나의 속임수였다. 나는 그 일곱 장의 종이쪽에 똑같은 이름이 적혀 있다는 것을 이내 깨달았다. 일곱 번 적힌 그 이름은 바로 피에트로였다. 내 남동생이 아팠기 때문에 우리 집에서 아들 노릇을 하는 사람은 나밖에 없었다. 나는 중학교 졸업을 앞두고 있었고, 학교 성적이 좋았다. 그리고 무엇보다 중요한 것은, 만약 아버지에게 무슨 일이 생긴다면, 어머니와 누이들과 남동생을 보살펴야 할 사람이 바로 나라는 것이었다.

그날 밤, 나는 침대에서 조용히 눈물을 흘렸다. 열세 살밖에 되지 않은 내가 가족을 두고 너무나 멀게 느껴지는 곳으로 이사를 간다고 생각하니 겁이 났다.

이튿날 아침 나는 어머니에게 말했다.

"엄마, 나 떠나고 싶지 않아요. 무서워요."

어머니는 나를 꼭 끌어안았다. 나는 어머니가 아그리젠토에 갔다가 돌아올 때마다 지었던 그 표정을 다시 보았다. 내 동생을 보러 정신병원에 다녀올 때마다 보여주던 그 눈빛을. 그때처럼 어머니의 얼굴에는 수심이 가득했다. 어머니는 나까지 잃고 싶어하지 않았다.

얼마 지나지 않아 나는 어머니가 아버지랑 다투는 소리를 들었다. 하지만 어머니를 설득하는 데는 몇 마디 말이면 충분했다. "당신은 피에트로가 여기에 남아서 나처럼 어부가 되기를 바라는 거야? 당신 아들에게 바라는 게 그거야?" 아버지는 나 역시 당신처럼 사는 것을 전혀 원하지 않았다. 그 삶은, 어떤 때는 고요하다가 어떤 때는 사정없이 우리를 벌하는 바다의 변덕에 휘둘리는 삶이었다.

그리고 다른 이유가 한 가지 더 있었다. 우리 현대사의 한 국면에서 두드러지게 나타난 현상과 맞물려 있는 더 근본적인 이유였다. 전후의 재건과 경제 호황은 노동자, 농민, 어민 같은 서민들로 하여금 자기네 자녀들이 자기들과는 다른 삶을 살 수 있다는 생각을 하게 하였다. 자식이 대학을 나와 의사나 엔지니어나 변호사나 교사가 되는 것은 이제 도달할 수 없는 꿈이 아니었다. 그런 꿈이 실현되는 것은 국가가 돕거나 지원해서 되는 일이 아니었다. 우리 모두가 이탈리아의 민주주의에 대한 믿음을 갖게 된 것이다. 이탈리아의 민주주의가 마침내 굳건한 토대, 아주 강해서 거의 무너지지 않을 토대 위에 세워졌다는 것을 모두가 믿고 있었다.

아버지는 내가 학업에 전념한다면, 그 도전을 승리로 이끌 수 있으리라 정말로 확신하고 있었다.

나는 그해 가을에 옷 몇 벌만 담긴 여행 가방을 들고 람페두사를 떠났다. 어른들은 내가 공부하러 갈 도시로 시칠리아의 트라파니를 선택했다. 그 이유는 이 도시가 람페두사와 비행기로 연결되기 때문이다. 나는 과학고등학교에 다녔다. 아버지는 내가 머물 곳을 마련하기 위해, 한 노파의 집에 있는 방 하나를 세내었다. 처음 며칠은 그야말로 악몽이었다. 집주인 할머니는 차갑고, 퉁명스럽고, 내가 어린 시절을 갓 벗어난 학생이라는 사실에 마음을 쓰지 않았다. 미소를 짓는 법도 없었고, 다정한 몸짓이나 위안이 되는 말을 해주지도 않았다. 집은 어둡고 음울했으며, 벽들은 습기를 먹어 칠이 비늘처럼 벗겨져 있었다. 처음 얼마간 나는 학교에서 돌아오면 침대에 쓰러져서 울었다. 억누를 수 없는 불안을 느꼈다. 날이 저물면 난 완전히 혼자가 되었고, 말을 나눌 사람도 따로 할 일도 없었다. 그러면 불안은 더욱 커져갔다. 나는 식탁에 함께 앉아 있을 어머니와 아버지와 누이들을 생각했다.

나는 할 줄 아는 게 없었고, 요리는 더더욱 할 줄 몰랐다. 여자가 여섯 명인 집에서 살던 버릇 때문에, 냄비에 손을 대는 것은 나와는 거리가 먼 일로 여겨왔다. 그래서 나는 몇 달 동안 빵과 통조림 고기만 먹었다. 그것에 얼마나 물렸던지 나는 오늘날에도 슈퍼마켓에서 고기 통조림을 대하면 토할 듯 메스꺼운 기분을 느낀다. 어쨌거나 그 뒤로 파스타 요리를 하는 법과 고기 굽는 법을 조금씩 배워나갔다. 요리를 했다기보다 간단한 음식을 해 먹은 것이지만, 나로서는 꽤나 고생스런 일이었다.

내가 보기에 그건 터무니없는 상황이었다. 나는 낯선 도시에 혼자 와 있었다. 집에서 학교로, 학교에서 집으로, 매일매일 리듬이 똑같고 삶이 똑같았다. 일요일에 트라파니의 거리에서 평안한 가족들이 단란하게 산책하고 느긋하게 미소 짓는 모습을 볼 때면, 단단한 매듭 같은 것이 목구멍을 꽉 메운 느낌이 들면서 나는 소리 없이 울곤 했다. 결국 내가 할 수 있는 일은 그저 공부를 열심히 하면서 우리 섬으로 돌아갈 날을 생각하는 것이었다.

트라파니는 바다에 면한 항구도시라서 거기에 살면서 바다를 그리워했다면 이상한 이야기로 들릴지도 모르겠다. 하지만 나는 정말 '나의' 바다를 그리워했다. 두 바다는 같은 바다가 아니었다. 람페두사를 아는 사람들이라면 그 차이를 이해할 수 있으리라. 람페두사의 평평한 땅은 물과 착 달라붙어 있다. 땅과 물이 절대로 풀어지지 않을 포옹을 하고 있는 형상이다.

또 한 가지 내가 그리워했던 것은 들판에서 친구들과 함께 보낸 오후들이었다. 우리는 맨발로 뜀박질을 했고, 대단치 않은 것을 가지고도 재미있게 놀았으며, 즉흥적으로 생각해낸 놀이를 하며 즐거워했다. 그 작은 것들이 나를 행복하게 해주었다.

내가 자꾸 그런 것들을 생각한 것은 슬픔에 지지 않기 위해서였고, 그 차가운 집에 갇혀 살고 있음을 잊기 위해서였다.

두 해가 지나서 아버지는 나에게 다른 집의 방을 구해주었다. 그 집의 가장인 '우 쭈 나나', 즉 나나 아저씨는 도붓장수였다. 그 집 내외는 이전 집의 할머니보다 나를 잘 대해주었다.

그 집에 들어가자면 차고를 거쳐서 가야 하는데, 이 차고에는 짐마차와 그것을 끄는 나귀가 있었다. 첫새벽에 아저씨는 짐마차를 끌고 '세니아'라는 곳에 갔다. 그곳은 갖가지 과일과 채소를 재배하는 과수원 겸 채소밭이었다. 아저씨는 짐마차에 과일과 채소를 싣고 나면, 트라파니 거리들을 돌아다니며 그것들을 팔았다. 나는 종종 새벽에 일어났기 때문에 그를 따라가서 바구니에 짐 담는 것을 도왔다. 그러고 나서 학교에 가곤 했지만, 전혀 힘들다고 느끼지 않았다. 오히려 그것은 무언가 할 일을 찾아내는 나만의 방식이었다.

---

5 앞의 'u zu'는 이탈리아어 'il zio(아저씨)'의 시칠리아 방언.

나나 아저씨는 때때로 나를 보나자 만에 데려갔다. 작은 항구를 끼고 있는 그곳은 참치 잡이의 명소였다. 번식을 하기 위해 따뜻한 물을 찾아 몰려오는 거대한 참치들을 잡아 올리는 '마탄차[6]'라는 작업이 거기에서 벌어졌다. 어부들은 참치의 진로를 따라 그물들을 미로처럼 교묘하게 쳐놓았다. 참치들은 일단 그물 속으로 들어가면 이른바 '죽음의 방'에서 최후를 맞게 되어 있었다. 이 방에서 팔뚝이 우람한 어부들은 예로부터 전해져오는 뱃소리 '찰로메'의 장단과 가장 경험이 많은 어부 '라이스'의 구령에 맞추어, 기다란 작살로 수면에 떠오른 참치들을 찌른 다음, 엄청난 힘으로 그것들을 들어 올렸다.

처음에 나는 인간과 거대한 참치 사이에 벌어지는 그 어마어마한 전투에 깊은 인상을 받았다. 피가 흘러 선홍색으로 물든 바닷물과 어부들의 얼굴에 어린 지친 기색이 아주 인상적이었다. 그야말로 아드레날린을 솟구치게 하는 장면이었다.

내가 트라파니의 유일한 친구인 미켈란젤로를 사귄 것도 그 무렵이었다. 오후에 학교가 파하면, 우리는 에리체의 잣나무 숲에 잣을 주우러 갔다. 나무에서 잣들을 떨어뜨린 다음,

---

6 죽이기, 살육을 뜻하는 스페인어 '마탄차'에서 유래한 시칠리아 참치 잡이 어부들의 용어. 참치 잡이의 마지막 단계로서, 그물에 들어온 참치들을 기다란 작살로 찍어 올려 배에 싣는 작업을 가리킨다.

껍데기를 까서 잣알을 얻는 것이 우리가 놀이 삼아 한 일이었다. 그렇게 잣알을 모아 서로 나누어 가졌다. 나는 내 몫을 나나 아저씨에게 주었다. 다른 상품을 팔 때 같이 팔라고 준 것이었다. 잣알을 구하기가 쉽지 않아서인지, 벌이가 쏠쏠하다는 얘기를 들었다. 그것 역시 시간을 보내는 한 가지 방식이었다. 게다가 나에게 셋방을 내준 가족을 돕는 방식이기도 했다.

트라파니에서 나는 용접공 일도 배웠다. 내가 살던 집 옆에 대장장이 티타 아저씨가 살고 있었다. 오후에 그 아저씨 집에 가다 보니, 조금씩 일을 배우게 되었다. 그런데 그 시절에는 내가 너무 무모하게 굴었는지, 얼굴을 보호하기 위해 용접 마스크를 써야 하는데 그것을 생각하지 않고 일하는 경우가 많았다. 그래서 저녁에 눈자위가 빨갛게 부풀어 오른 채로 돌아와 잠도 이루지 못하는 일이 벌어졌다. 나는 통증을 가라앉히려고 얇게 썬 감자 조각들을 눈꺼풀에 올린 채 며칠 밤을 보냈다.

나는 무언가를 배우고 싶었고, 무엇에든 호기심을 느꼈다. 무엇보다 나는 내 처지를 놓고 무용한 생각에 빠지는 시간을 갖고 싶지 않았다.

돌이킬 수 없는 선택

　나는 늘 사냥을 좋아했다. 아주 어린 시절부터 나는 친구들과 함께 종달새를 잡으러 가곤 했다. 우리는 Y자 모양으로 생긴 나뭇가지를 잘라내어 새총을 만들었다. 나뭇가지를 고르는 건 간단한 일이 아니었다. 잘 휘면서도 쉽게 부러지지는 않는 나무여야 했다. 새총을 만드는 것은 하나의 기술이었다. 그 기술은 앞 세대에서 다음 세대로 전수되었다. 형들은 동생들에게 기술을 가르쳐주었다. 그 아름다운 전통은 오늘날에도 이어지고 있다. 우리는 한가로운 시간이면 무언가 할 일을 찾아내야 했고, 새총을 만드는 것은 우리가 가장 좋아하는 소일거리에 속했다.

　람페두사섬에서 가장 널리 행하던 경제활동 가운데 하나는 '삐쉬시끼'라 불리는 말린 물고기들을 만들어내는 일이었다. 일꾼들은 먼저 일종의 소금물로 가득 찬 커다란 대야에 물고기들을 담갔다. 그런 다음 얇은 철망을 입힌 거대한 나무틀 위에 물고기들을 머리와 꼬리를 서로 엇갈리게 하면서 나란히 늘어놓았다. 그러고 나서 그 나무틀들을 현재 섬의 공항이 자리하고 있는 곳으로 옮겼다. 공항이 없던 당시에도 그곳은 '비행장'이라고 불렸다. 군용 비행기들이 뜨고 내리는 장소였기 때문이다. 아침마다 일꾼들은 평평하게 다져놓은 그 넓은 공터가 꽉 차도록 수천 개의 나무틀을 줄줄이 늘어놓았다. 햇빛이 비칠 때면 가장 아름다운 효과가 나타나, 은빛 물고기들을 늘어놓은 그 덕장이 반짝반짝 빛나는 강물처럼 보였다. 날이 저물면 일꾼들은 물고기들이 습기를 먹지 않도록 나무틀들을 거두어들였다.

'삐쉬시끼'를 공들여 만들자면 대여섯 달이 걸렸다. 그렇게 만든 '삐쉬시끼'는 시칠리아에 가져가서 팔았다. 언뜻 생각하기엔 쉬운 일로 보이지만, 그 모든 것을 해내자면 엄청난 노력이 필요했다. 그것은 일꾼들을 녹초로 만들어버리는 노동이었다. 낮 동안에는 갈매기들이 물고기 냄새를 맡고 날아와 물고기들을 물어 가려고 했다. 그래서 덕장을 지키는 사람들은 갈매기들을 쫓아버리느라고 모든 시간을 보냈다.

갈매기 말고 일꾼들이 위험하게 생각하는 것이 또 있었으니, 그것은 바로 우리 아이들이었다. 우리는 늘 종달새 둥지를 찾으러 다녔다. 둥지가 어디에 있는지 알아내는 것은 아주 어려운 일이지만, 한 가지 요령을 터득했다. 우리는 먼저 공중을 살펴서 어미 새를 찾아냈다. 어미 새는 둥지 위쪽을 날아다니며 새끼들을 지켜주고 있었다. 우리는 그런 식으로 어미 새를 관찰하면서 둥지가 있는 곳을 알아냈다. 새의 둥지는 대개 물고기를 말리는 덕장 안에 있었다. 그래서 우리는 덕장을 지키는 어른들이 한눈을 파는 사이에 나무들을 들어내고 둥지를 가져갔다. 결국 갈매기들보다 우리가 훨씬 많은 피해를 입힌 셈이었다.

나중에 어른이 되고 나서, 나는 종종 우리 섬의 하늘로 날아가는 철새들을 사냥하러 갔다. 기나긴 여행을 하다가 람페두사섬에서 쉬어가는 새들을 말이다. 그러다가 갑자기 사냥을 그만두었다. 그 이유는 일견 하찮아 보이는 것이었다.

어느 날 나는 친구들과 함께 사냥을 나갔다. 나는 이미 의사가 되어 있었고, 우리 섬은 이주민들의 상륙지가 되어가기 시작하던 시절의 이야기다. 우리 머리 위에서 새들이 가벼운 물결처럼 춤을 추고 있었다. 나는 새를 겨누다가 문득 생각에 잠겼다. 한참이 지나도록 움직이지 않고, 공중에 떠 있는 새떼를 바라보았다. 그러면서 철새들이 지나온 기나긴 여정을 생각하고, 목적지에 도착하기까지 더 날아가야 할 여정에 대해서도 생각했다. 그때 그 비유가 퍼뜩 뇌리를 스쳤다. 나는 이리저리 옮겨 다니는 철새들을 보면서 '또 하나의' 이주를 생각했다. 그 새떼들 사이로, 목숨을 보전하기 위해 숱한 위험을 무릅쓰며 옮겨 다니는 사람들의 얼굴이 보이는 듯했다. '이주의 길'에서 배우자와 자식과 형제자매를 잃기도 하는 그들이 떠올랐다.

그 뒤로 나는 새를 향해 총을 쏜 적이 없다. 수렵 무기 소지에 필요한 서류를 제출해야 하는 때가 되면, 나는 소지하지 않는 쪽으로 결정한다. 그것에 그치지 않고, 나는 소지를 요청하는 사람들에게 사냥을 그만두라고 권하기도 한다.

몇 해가 지나고 나서 그 일을 다시 생각나게 하는 사건이 벌어졌다.

2013년 10월 3일에 벌어진 난민선 침몰 사건은 누구나 기억할 것이다. 368명의 희생자들, 람페두사 공항의 격납고에 줄느런히 놓여 있던 관들. 바닷가 코앞에서 구원과 새로운 삶을 눈앞에 두고 세상을 떠난 그 사람들. 그런데 불과 여드레 뒤인 10월 11일에 벌어진 또 다른 조난 사고를 기억하는 사람들은 많지 않다. 이때도 많은 사람들이 희생을 당했지만, 이 사고는 우리 항구 인근이 아니라 몰타의 난바다에서 벌어졌기 때문이다.

그날 몰타의 헬기 한 대가 아홉 명의 생존자를 태우고 우리 섬에 착륙했다. 보건소는 전쟁 중에 설치한 야전병원처럼 보였다. 구조 받은 난민들은 담요를 두른 채 수액 주사를 맞으며 누워 있거나 휠체어에 앉아 있었다. 한 난민은 22명이나 되는 가족을 다 잃었다고 했다. 그는 울부짖으며 눈물을 흘렸다. 스스로 목숨을 끊고 싶어했고, 혼자만 살아남은 것을 받아들이려 하지 않았다. 우리는 가까스로 그를 달랬다.

그 옆쪽의 휠체어에는 다른 젊은이가 수액 주사기를 꽂은 채로 앉아 있었다. 시리아에서 왔다는 그 젊은이는 멍한 눈길로 침묵을 지키고 있었다. 그에게 말을 걸어보았지만 대꾸가 없었다. 그 남자 가까이에 있는 여자는 아홉 달 된 아기를 품에 안고 있었다. 그 여자 역시 넋이 나간 사람처럼 멍한 상태였다. 그 여자가 아기를 안고 있는 방식이 이상했다. 온 힘을 다해 꼭 안아주다가 마치 무거운 짐이라도 되는 양 내려놓기를 되풀이하는 것이었다.

그렇게 한 시간쯤 지나자, 남자가 마음을 다잡고 무슨 일이 있었는지 나에게 이야기했다. 그 여자는 남자의 아내였다. 그들이 탄 배가 뒤집혔을 때, 모든 탑승객이 물에 빠졌다. 800명이 넘는 인원이었다. 남자는 수영을 잘하는 사람이었다. 그는 아홉 달 된 아기가 자기 가슴에서 떨어지지 않도록 아기를 자기 풀오버 속에 밀어 넣었다. 그런 다음 한 손으로는 아내를 잡고, 다른 손으로는 세 살짜리 아들을 잡았다. 그런 자세로 그는 등헤엄을 치며 계속 나아갔다. 그게 물에 잠기지 않는 유일한 방법이었다. 구조대가 바로 와주면 좋으련만, 그들은 오지 않았다. 그건 사람을 녹초로 만드는 기다림이었다.

얼마쯤 지나자 갑자기 숨이 가빠지기 시작했다. 주위의 물결이 갈수록 높아지고 물살이 점점 더 세어졌다. 그는 어느 한쪽을 선택해야 하는 상황에 몰렸다. 그건 결정적인 선택이었다. 일단 선택을 하면 돌이킬 수 없으리라는 것을 그는 알고 있었다. 삶과 죽음 사이를 아슬아슬하게 떠가며, 그는 생각하고 계산하고 따져보아야 했다. 그러고 나서 결정을 내렸다. 그가 이런 상태로 계속 헤엄을 치다가 탈진하게 되면, 네 사람 모두 물에 잠겨서 죽게 될 것이었다. 그래서 그는 독하게 마음먹고, 오른손을 펴서 아들의 손이 빠져나가게 했다. 아들은 천천히 멀어져갔다. 그는 아들이 그렇게 영원히 사라져가는 것을 보았다.

그는 이야기를 들려주면서 하염없이 눈물을 흘렸다. 나도 계속 울어댔다. 절도 있게 대처해야 할 순간에, 냉정을 잃고 말았다. 야무지게 일을 처리하지 못하고 그냥 져버린 기분이 들었다. 의사는 눈물을 흘리며 약한 모습을 보이면 안 된다는 데, 때때로 나는 울지 않을 수 없다. 그런 고통 앞에서 어떻게 냉담한 모습을 보일 수 있으랴. 그 남자가 정말 안타까워한 것은 아들의 손을 놓은 지 몇 분도 지나지 않아 헬기가 그들을 구조하러 왔다는 것이었다.

"내가 조금 더 버텼어야 해요. 그랬더라면 우리 아들이 여기에 왔을 거예요. 우리랑 같이. 내 잘못이에요. 나는 스스로를 절대로 용서하지 못할 겁니다."

또 다른 여자가 두 살짜리 딸아이를 품에 안고 있었다. 아기는 계속 "드룬 드룬" 하고 되뇌었다. 아기 어머니의 말에 따르면, 아기가 물을 달라는 소리였다. 그런데 아이가 물을 마시면 자꾸 토한다고 했다. 우리가 어렵사리 아기의 팔에 수액 주사 바늘을 꽂아주자, 그녀가 자기 이야기를 들려주었다. 그녀의 남편은 오던 도중에 리비아에 남았다. 돈이 부족해서 아내며 딸과 함께 배를 탈 수가 없었다. 그래서 그는 아내와 딸을 먼저 보내기로 결정했다. 그 뒤로 여자는 남편에게서 어떤 소식도 전해 듣지 못했다.

구조 받은 난민들 중에 대학생이 한 사람 있었다. 그 젊은이는 나에게 이런 이야기를 들려주었다. 배를 타고 오던 도중에 한 임신부가 진통을 겪기 시작했다. 사람들은 탑승객 중에 의사가 있는지 물었다. 그러자 일곱 명의 의사들이 나서서 그녀가 분만하도록 도와주었다. 그런데 그 분만 직후에 배가 뒤집혔다. 젊은이는 이렇게 덧붙였다.

"아마도 갓 태어난 아기를 보려고 많은 사람들이 다가들면서 배가 균형을 잃고 뒤집혔을 거예요."

그다음 날 아침에는 헬기가 아니라 재무경찰 소속 모터보트 한 척이 도착했다. 이번에 그들이 실어 온 것은 생존자들이 아니라, 21구의 시신이었다. 사람들은 여느 때처럼 시신들을 녹색 자루에 담아 파발로로 방파제에 늘어놓았다. 사망자들 중에는 사내아이와 여자아이를 합쳐 아이들도 네 명 있었다. 아이들은 무척 사랑스러워 보였고 마치 잠들어 있는 듯했다. 사체검안이 고통스럽다는 것은 두고두고 해도 못 다할 얘기지만, 아이의 시신을 검안하는 것은 정말로 가슴이 찢어지는 일이다. 나는 전날보다 훨씬 더 참담한 심정으로 집에 돌아갔다.

그 해난 사고가 벌어진 곳은 우리 해안에서 멀지 않았다. 그래서 우리에게 계속 시신들이 보내졌다. 그 시신들에는 가족들의 고통스런 사연이 담겨 있었다. 전쟁을 피해 자식들이 안전하게 살 수 있는 곳을 찾아 일껏 피난을 떠났는데, 오히려 자식들을 잃고 마는 사람들이 많았다. 그들의 운명은 터무니

없이 죽어가는 철새 떼를 생각나게 했다. 어둠 속에서 총을 겨누고 마구잡이로 쏘아대는 무자비한 사냥꾼들을 만난 철새 떼 말이다.

일주일이 지나서 전화 한 통을 받았다. 이탈리아어를 아주 잘하는 시리아 사람이 나에게 전화를 걸어왔다. 의사 바르톨로를 찾기 위해서 람페두사에 사는 모든 바르톨로에게 전화를 거는 중이라고 했다. 그는 희생자들이나 생존자들 중에서 자기 형을 본 적이 있는지 물었다. 형이 전복된 배에 타고 있었다는 것이었다. 형수와 조카 네 명도 함께 배를 탄 모양이었다. 형은 의사였고 여섯 명의 동료들과 함께 병원을 운영하던 사람이었다. 그들은 모두 시리아를 피해서 리비아로 떠났다고 했다. 일곱 명의 의사들. 그건 젊은 대학생이 나에게 말했던 그 의사들인 게 분명했다. 바다 한복판에서 여자의 분만을 도와주었던 의사들. 며칠 뒤에 나의 통화 상대자가 형과 형수와 조카들의 사진을 보내왔다. 사진 속의 여자아이는 내가 녹색 자루를 열고 검안했던 아이와 똑같았다. 그 아이는 죽었지만, 나머지 가족 누군가는 살아남았을 가능성이 있었다. 나는 희망을 품고 생존자들이 모여 있다는 시칠리아의 포르토 엠페도클레와 몰타에 연락을 취했다. 하지만 대답은 불행하게도 언제나 똑같았다. 그들은 어디에도 없었다.

자기희생의 긍지

내가 트라파니에서 5년제 고등학교를 다 다닌 것은 아니다. 3학년을 마치고 나는 트라파니를 떠났다. 엔차 누나가 람페두사의 해안경비대원으로 일하던 항만관리사무소의 한 군인과 결혼했는데, 이 매형이 시칠리아 동쪽 연안의 시라쿠사로 전근을 갔다. 그래서 나는 그들과 함께 살게 되었다. 그건 큰 위안이었다. 드디어 나는 혼자 사는 삶에서 벗어났다.

내가 학교에서 돌아오면, 엔차 누나는 언제나 따뜻한 식사를 차려주었다. 우리는 식탁에 함께 앉아서 식사를 했다. 나에게는 더없이 큰 기쁨이었다. 하지만 여기, 새로 살게 된 도시에서도 바다를 보고 싶은 욕구는 잦아들지 않았다. 식사를 마치고 나면, 마치 간절한 욕구에 사로잡힌 사람처럼 집을 나서 산책을 시작했다. 큰 항구의 부두까지 이어지는 아주 긴 산책이었다.

때로는 바닷가에서 몇 시간씩 게를 관찰하거나 배들을 살펴보기도 했다. 그러면서 가슴이 저리게 그리운 우리 섬을 생각했다. 그건 내 삶에서 빠질 수 없는 하나의 의식이 되었다. 나는 비가 오거나 날씨가 아주 추운 날에도, 심지어는 약간 신열이 있을 때에도 바닷가로 나갔다.

이따금 누나는 나에게 통을 놓았다.

"피에트로, 너 그러다가 병난다. 자꾸 이러면 엄마한테 이를 거야."

하지만 속이 깊은 누나는 나를 이해하고 있었다. 누나 역시 람페두사를 그리워했다. 누나는 잘 알고 있었다. 내가 바다 냄새로 허파를 채우지 않을 수 없다는 것을, 그리고 우리 집이 조상 대대로 그랬던 것처럼 내가 바다의 부름에 귀를 기울이고 있다는 것을.

나는 부두에 나가는 것을 무척 좋아했다. 바다에 폭풍이 몰아칠 때도 부두에 나갔다. 파도가 방파제에 철썩철썩 부딪치는 소리를 들으면 활기가 솟았다. 그렇게 바람을 쐬고 나면, 집에 돌아와 밤늦게까지 공부를 하였다. 여름이 오고 학기가 끝나기를 기다리면서.

내 친구들이 다 그랬듯이, 나는 열네 살에 '수영 및 조정'이라 불리는 시험을 치르고 선원 등록증을 받았다. 어선을 타기 위해서는 그 등록증이 필요했다. 나는 단번에 시험을 통과했다. 그건 람페두사의 소년들에게는 별로 대단한 일이 아니었다. 일찍 그 자격을 얻었기 때문에 나는 고등학교에 다니는 동안 해마다 학년이 끝나기 한 달 전에 방학에 들어갔다. 선생님들은 내가 성적이 좋고 근면하다는 점을 감안하여 더 일찍 집에 돌아가는 것을 허락했다. 그리고 똑같은 이유로 나는 다른 학생들보다 한 달 늦게 새 학기를 시작했다. 그러니까 나는 여름 내내 아버지와 함께 배를 타며 지냈던 셈이다. 어떤 해에는 시라쿠사에서 람페두사까지 배를 타고 갔다가 곧바로 아버지의 어선을 타기도 했다. 그렇게 바다에서 넉 달을 보냈다. 우리는 종종 밤에도 물고기를 잡았다. 나는 보조 엔지니어 노릇을 했고, 그물을 펼치는 역할을 하던 작은 배를 맡았다. 나이는 어렸지만 보수는 어른들처럼 받았다. 수익은 똑같은 몫으로 나눠주고 있었다. 팀에서 어떤 역할을 맡고 있느냐에 따라 하나의 몫을 받기도 하고 여러 몫을 받기도 했다. 나는 내가 받은 몫을 당연히 아버지에게 드렸다. 그건 나를 공부시키느라 돈을 많이 쓰고 있는 아버지에 대한 나의 보답이었다.

처음 얼마 동안은 배를 타면서 엄청난 고난을 겪었다. 나는 계속 뱃멀미를 했다. 나는 몰래 토하기 위해 어선에서 가장 구석진 자리를 찾아다녔다. 부끄러웠고, 무엇보다 내가 허약하거나 용기가 없다는 느낌을 아버지에게 주고 싶지 않았다. 하지만 어느 날 어머니에게 그런 사실을 고백했다. 그러자 어머니는 적포도주에 녹슨 쇠못 30개를 넣고 끓인 민간요법의 혼합 음료를 만들어주었다. 당시에는 그 음료를 마시면 구역질이 덜 난다는 속설이 있었다. 하지만 그 민간요법은 아무 효과가 없었다. 어른들은 나를 우리 동네의 어느 할머니에게 데려가기도 했다. 그 할머니는 일종의 마녀였다. 할머니는 기도를 암송하고 나를 뚫어져라 바라보더니, 내 머리와 어깨와 골반의 크기를 쟀다. 그 뒤로 얼마쯤 지나서 나는 치유가 되었다. 더 이상 뱃멀미로 고생하지 않았다. 부끄러워할 이유가 사라진 것이었다.

케네디호에 딸린 작은 배를 타고 바다에 나갈 때, 처음 몇 번은 나보다 조금 나이가 많은 소년과 함께 배를 탔다. 그러던 중 이런 일이 벌어졌다. 그가 엔진에 시동을 걸다가, 한쪽 손이 시동기의 로프에 눌려 으스러졌다. 나는 그의 손가락 두 개가 잘려 나가는 것을 보았다. 피가 내 얼굴에까지 튀었다. 출혈을 막을 수가 없었다. 무시무시한 장면이었다. 나는 엔진을 끄고 즉시 도움을 청했다. 하지만 내가 용기를 내어 무언가를 해야 하는 상황이었다. 나는 그를 다치게 한 시동기 로프를 뽑아 들고, 지혈을 위해 그것으로 그의 팔을 묶었다. 출혈을 막으려면 그렇게라도 해야 했다. 내 동료는 손가락 두 개를 잃었지만, 내 덕분에 자기 팔을 구했다며 아직도 나에게 감사를 표한다. 다급한 상황에서 임시변통으로 한 그 조치는 내 기억에 깊이 새겨졌다. 몇 해가 흘러 대학에서 지혈대 사용법을 배울 때, 설핏 그리움을 느끼면서 그 일을 다시 생각했다.

시라쿠사에서 나는 남녀공학 반에 들어갔다. 그때까지는 학교 친구들이 언제나 남자들뿐이었다. 나는 키가 작다는 이유로 맨 앞줄에 앉게 되었다. 짝꿍은 아주 예쁜 여학생 리타였다. 나는 곧바로 그녀의 마음을 사려고 애썼다. 성과가 없었다. 리타는 사귀는 것을 받아들이지 않을 뿐만 아니라, 내가 자기 마음을 사로잡으려고 이러저러한 시도를 하는 것에 짜증을 냈다. 그래도 나는 고집을 꺾지 않았고, 드디어 리타가 받아들였다. 이유는 내가 그녀를 웃게 만들었기 때문이다. 리타는 내가 재미있는 사람이라고 생각했다.

리타는 산 속에 있는 작은 마을, 페를라에 살고 있었다. 사투리로 '아 페라'라고 부르던 그곳은 작은 요새로 둘러싸인 마을이었다. 어느 일요일 오후, 나는 오토바이를 빌려 타고 거기에 갔다. 한겨울이라 날씨가 춥고 안개가 끼어 있었다. 굽잇길을 돌고 또 돌고 길 같지 않은 길을 몇 킬로미터 달린 끝에 그 마을에 다다랐다.

친구들이 가르쳐준 대로 나아가서, 나는 리타네 집이 있는 작은 길을 찾아냈다. 창유리 너머로 그녀가 보였다. 천에 수를 놓고 있었다. 그녀가 참 예뻐 보였다. 리타는 나를 보자마자 달아나버렸다. 나는 용기를 내어 문을 두드렸다. 막상 리타의 어머니가 문을 열어주자, 무슨 말을 해야 할지 알 수가 없었다. 그렇다고 말없이 돌아갈 수는 없는 노릇이었다. 그렇게 어려운 길을 달려왔는데, 기회를 그냥 날려버린다는 건 말도 안 되는 일이었다. 그래서 나는 나 자신을 소개하고, 리타를 사랑한다고 당당히 말했다. 그리고 리타와 약혼하는 것을 허락해달라고 부탁했다. 그러자 리타의 어머니는 환영한다면서 나보고 들어오라고 했다. 집 안으로 들어서니, 리타의 친척 아주머니도 한 분 있었다. 아주머니는 내 쪽을 힐끗 보았다. 그 눈길에는, 좋게 말해서, 경계심이 어려 있었다. 아주머니는 장차 내 장모가 될 분을 따로 불러 사투리로 말했다.

"끼스뚜 에 끼두 디 람뻬두사?(이 애가 람페두사에서 온 그 애야?) 비리 까 쑤 뚜띠 사르바지.(거기엔 야만인들밖에 없다니까 조심해야 돼.)"

아주머니는 나를 완전히 딴 세상에서 온 사람으로 여기고 있었다. 사실 그들이 보기에 람페두사는 다른 세계였다. 그 섬은 아프리카이지 이탈리아가 아니었다. 시칠리아는 더더욱 아

73

니었다. 다행히도 그런 경계심은 오래가지 않았다. 그이들은
이내 나를 아들처럼 사랑해주었다. 그날 이후로 리타는 내 인
생의 반려자가 되었고, 우리의 세 자식인 그라치아, 로산나,
자코모의 어머니가 되었다. 그리고 내가 임신부의 분만을 도
와주거나 아이를 치료하고 집에 돌아오면 나와 함께 기뻐해
주는 여자, 내가 무고한 희생자들의 죽음과 마주할 때마다 내
괴로움을 덜어주는 여자가 되었다.

리타와 나는 고등학교를 졸업하고 의학 공부를 하기 위해
카타니아로 갔다. 나는 시간을 허비할 수 있는 처지도 아니고,
무엇보다 아버지의 돈을 낭비할 수 있는 처지가 아니라서, 그
녀와 함께 쉬지 않고 열심히 공부를 해야 했다. 우리는 대학에
딸린 방에서 함께 살며 공부했고, 모든 시험을 함께 치렀으며,
같은 날 학위를 받았다.
나는 학위를 받던 날의 그 순간을 영원히 잊지 못할 것이다.
우리 어머니와 아버지의 눈에는 기쁨과 자부심이 넘쳐났다.
숱한 고생을 하며 살아온 분들이 학위 받은 아들을 보면서 느
끼는 보람과 행복감. 이제 보란 듯이 당당하게 걸을 수 있다는
자부심. 밤낮으로 물고기를 잡아 벌어들인 돈은 얼마 되지 않
지만, 그 돈으로 자식 일곱 명을 키우고 한 아이가 학위를 받

을 수 있게 했다는 것에 대한 자긍심. 나는 그런 것들을 오래
도록 기억할 것이다.

우리 부모의 희생은 헛되지 않았다. 나 역시 자랑스러움을
느낀다. 두 분이 모든 것을 걸었던 내기에서 이겼다는 것을 입
증한 것에 대해서 말이다. 나는 '동행이 없는 미성년자들'이
라 불리는 그 젊은이들이 배에서 내리는 것을 볼 때마다 그날
의 감동을 되새긴다. 그 젊은이들에게 '동행이 없는'이라는
수식어를 붙이는 것은 인칸적으로 어폐가 있다. 그들은 자기
네 가족이 가난에서 벗어나는 길을 찾고자 모든 것을 걸고 여
기에 오는 것이다.

한번은 한 여성 기자가 나에게 이런 이야기를 들려주었다.
지중해의 아프리카 지역에 아직 전쟁이 일어나기 전의 일이
다. 그 기자는 바다 건너편의 오지 마을에 갔다. 거기에서 젊
은이들이 두고 온 가족들을 상대로 취재를 벌여, 그들의 이야
기를 우리에게 전해주기 위해서였다. 진흙과 벽돌로 지은 집
에 사는 가족들은 자식들의 소식을 기다리고 있었다. 며칠, 몇
주, 때로는 몇 달이 지나서야 소식을 듣는 형편이었다. 그 젊
은이들 가운데 일부는 애티를 갓 벗어난 채로 길을 떠났다가
관 속에서 여행을 마감했다. 가족들이 그런 젊은이들과 관련

해서 가지고 있는 것이라고는 대개 흙벽에 나란히 붙여놓은 사진들, 젊은이가 소년 시절에 해맑은 미소를 지으며 찍은 사진들뿐이었다. 남편을 보내고 아기와 함께 남아 있던 아주 젊은 여자들, 그리고 아들들이 몰래 떠나는 것을 숨어서 보았던 어머니들은 그 사진들 앞에서 흐느껴 울었다.

유령 마을이 되어버린 그곳에는 노인들과 여자들과 아이들만 남아 있었다. 마치 전쟁이 그곳을 휩쓸고 간 것 같았지만, 전쟁과는 아무 상관이 없고 그저 절대적인 가난이 문제였다. 그 지역의 주민들은 너무나 가난해서 자식들을 먹여 살릴 수 없었다. 사정이 그러한데도, 우리의 토크쇼를 보면 사람들이 나와서 경제적인 이주민과 전쟁 난민의 차이를 강조하는 소리를 한다. 이주민을 받아주지 않기 위해서 미디어가 부추기는 그런 논법을 대하면 화가 나고 텔레비전을 그냥 꺼버리고 싶다.

그런 마을들에는 자기네 자식들이 모험을 시도한 것은 잘한 일이라고 자랑스럽게 말하는 사람들도 있었다. 자식들이 더 나은 삶을 사는 데 성공했다는 것이었다. 떠났던 자식들이 성공해서 돌아오는 경우도 있다고 했다. 그런 젊은이들은 자기들이 떠났던 것을 '투자'로 보고, 그것을 반대 방향으로 '되돌리기' 위하여, 그리고 자기들이 도전을 통해서 얻은 것을 가까운 사람들과 나누기 위하여 돌아오는 모양이었다.

나는 부두에서 그런 젊은이들을 많이 본다. 수용 센터와 마을에서도 그들을 만난다. 그들은 수용 시설에서 나와 산책을 나갈 때면, 사람들을 방해하지 않고 문제를 일으키지 않으려고 언제나 조심한다. 특히 바닷가에 나올 때 그러하다. 그들은 관광객들과 멀리 떨어진 곳에 있으려 한다. 마치 그들을 귀찮게 하지 않을까 걱정하는 사람들처럼.

여름이 시작되던 어느 날, 나는 람페두사의 구이트자 해수욕장에서 그 젊은이들 한 무리를 보았다. 그곳은 인근 마을의 가족들이 아이들을 데리고 자주 나오는 아주 아름다운 해변이다. 젊은이들은 서른 명쯤 되어 보였다. 그들은 한쪽에 떨어져 있는 갯바위에 모두 올라가 있었다.

그런 모습을 보면 궁금증이 생긴다. 내가 보기엔 그들이 바다를 싫어할 것만 같다. 그들이 무시무시한 날들을 보낸 바다, 그들의 친구와 가족을 삼켜버린 바다, 그들의 고향땅에서 그들을 멀리 떼어놓은 바다가 아닌가. 그런 바다를 어떻게 싫어하지 않을 수 있을까? 하지만 다시 생각해보면, 사실 그 바다는 그들에게 희망을 주면서, 그들을 죽음과 전쟁과 기아에서 구원해주기도 했다. 그들 무리에서 잘생기고 후리후리한 청년 하나가 눈에 들어왔다. 그는 친구들과 어울리지 않고 따로 떨어진 채로, 바닷가에서 아이들과 함께 놀고 있는 어머니들을 바라보면서 눈물을 짓고 있었다. 나는 다가가서 그에게 몇 살인지 물어보았다. 그는 열아홉 살이라 대답하고, 자기가 가나에서 왔다는 말을 덧붙였다. 그러더니 갑자기 흐느꼈다.

"어머니가 보고 싶습니다! 고향을 떠나올 때는 떠나는 게 행복했어요. 친구들과 함께 여행 계획을 짰지요. 사람들은 유럽이 아주 아름답다고 저희에게 말하더군요. 유럽에 가면 일자리를 구할 수 있고, 언젠가는 고향으로 돌아와 우리 가족을 더 행복하게 만들 수 있을 만큼 돈을 많이 벌 거라고 했어요. 그런데 저희는 지옥의 고통을 겪었죠. 여행은 끔찍했고, 이제는 무엇을 해야 할지, 어디로 가야 할지 모르겠어요. 사람들이 저희를 여기에서 다른 곳으로 데려가면 무슨 일이 벌어질까요? 저희는 어디로 가게 될까요? 무서워요."

그는 절망에 빠진 것처럼 보였다.

"전에 부두에 계셨던 의사 선생님이시죠?"

나는 그렇다고, 내가 그 의사라고 대답했다. 그런데 미안하게도 그 청년이 기억나지 않았다. 내가 검진하는 사람들이 하도 많아서, 그들의 얼굴을 모두 기억할 수는 없는 노릇이다.

"그러면 선생님은 중요한 분이시죠?"

"왜 그런 걸 묻는 건가요?"

"선생님이 중요한 분이시라면 저를 도와주실 수 있을 테니까요. 저는 어머니와 가족이 있는 집으로 돌아가고 싶어요. 부탁입니다, 저를 도와주실 수 있죠?"

그는 계속 흐느끼면서 말했다. 나는 무어라 대답할지 알 수가 없었다. 누가 나에게 고향으로 돌아가게 해달라고 말하는 게 처음이라서, 어떻게 해야 할지 판단이 서지 않았다. 청년은 자기 이름을 알려주었다. 하지만 나는 그를 가나로 돌려보내는 권한이 나에게 없다는 사실을 설명했다. 나는 사람들을 치료하는 의사일 뿐이고 높은 지위에 있는 사람이 아니라고. 내가 약속할 수 있는 것은 그저 이런 문제를 책임지고 있는 사람들에게 그에 관한 이야기를 해주겠다는 것뿐이라고. 청년은 내 말을 이해했다. 하지만 낙심이 매우 큰 듯했다. 내 도움을 간절히 원했던 모양이다. 나 역시 그런 부탁을 받고 해줄 수 있는 것이 별로 없다는 사실에 마음이 아팠다. 나는 청년을 위로하려고 애썼다. 모든 게 잘될 거라고 하면서. 그러나 그는 한순간도 내 말을 믿지 않았다. 내가 자리를 뜰 때, 청년은 여전히 울고 있었다.

자신의 약점을 솔직하게 드러내는 젊은이들이 있는가 하면, 아주 고약한 시련이 닥치더라도 포기하지 않고 싸우는 젊은

이들도 있다.

어느 날 모터보트 한 척이 부두에 다다랐다. 이민자들이 모두 하선하고 나서, 나는 몸을 움직일 수 없는 젊은이가 아직 남아 있다는 소리를 듣고 몇몇 구조대원과 함께 배에 올라탔다. 젊은이는 스물다섯 살쯤 되어 보였다. 사람들이 말한 대로 다리를 움직이지 못하고 있었다. 우리는 무슨 일로 마비가 생겼는지, 그런 조건에서 어떻게 여행을 견디어냈는지 궁금했다.

우리는 그를 들어 올렸다. 부두로 옮겨 휠체어에 태울 생각이었다. 그때 우리 뒤쪽에서 누가 소리쳤다.

"스톱, 스톱!"

더 젊어 보이는 또 다른 이민자가 영어로 소리치면서 몸짓으로 자기 뜻을 알렸다.

"그 사람 그냥 내버려두세요!"

그는 우리 쪽으로 오더니 다리를 움직이지 못하는 길벗을 번쩍 들어 올려 등에 업고는, 부두에 내려가 다른 사람들과 함께 줄을 섰다. 나는 깜짝 놀라서 함께 있던 협력자들을 바라보다가, 통역 겸 문화중재자를 불러 그에게 말을 걸어보라고 부탁했다. 그렇게 해서 우리는 그들의 사연을 알게 되었다.

그 두 젊은이는 형제였고, 소말리아 출신이었다. 형인 무함마드는 소말리아에서 벌어진 총격전 도중에 부상을 당하고 하반신이 마비되었다. 그럼에도 그는 도망치기로 결심하고 동생 하산과 함께 이탈리아에 오는 모험을 감행했다.

하산은 여행 내내 무함마드를 등에 업고 다녔다. 그들은 사막을 함께 건너고 리비아에 다다라 마침내 배를 탔다. 그들은 여러 번 인신매매업자들의 조롱을 받았다. 하산은 단 한순간도 장애인 형의 곁을 떠나려고 하지 않았다. 그렇게 고집을 부리다가 죽음을 당할 뻔한 적도 있었다. 이제 안전한 곳에 와 있지만, 그래도 그는 형을 혼자 두려고 하지 않았다. 두 사람은 사실상 공생 관계를 이루며 살아가고 있었다. 하산은 지치고 힘들어도 전혀 내색을 하지 않았다. 오히려 자기 어깨에 머리를 기대고 있는 무함마드를 위로할 뿐이었다.

며칠 뒤에 나는 그들을 다시 만났다. 그들은 람페두사를 떠나기 위해 배를 기다리고 있었다. 동생이 형을 업고 있는 모습은 변함이 없었다. 하산은 나를 보더니 한 가지 몸짓을 해보였다. 마치 '보세요, 선생님, 우리 두 사람은 자립적이에요. 우리는 남의 도움을 바라지 않아요'라고 말하는 듯했다.

나는 멈춰 서서 그들을 바라보았다. 정말 그랬다. 그 형과 아우는 그냥 하나가 되어 있었다. 머리 두 개에 몸은 하나인, 그야말로 한 인격이었다.

나는 문득 마틴 루서 킹의 말을 떠올렸다. "우리는 새처럼

나는 법을 배웠고, 물고기처럼 헤엄치는 법을 배웠지만, 형제
처럼 함께 살아가는 간단한 방법을 아직 배우지 않았습니다."
두 형제는 다행히도 킹 목사의 그 말을 부정하고 있는 것처럼
보였다. 무함마드와 하산은 형제애와 헌신과 자기희생의 생생
한 본보기였고, 무한한 이타주의의 증거였다.

람페두사로 돌아오기

학위를 받은 뒤에, 리타와 나는 결혼했다. 1984년 5월에 우리의 맏딸 그라치아가 태어났다. 아내는 혈액학을, 나는 산부인과를 전공으로 삼았다. 그런데 전공의 과정은 우리에게 많은 희생을 요구했다. 우리는 딸아이를 페를라 마을의 장인장모 댁에 맡겨놓고 주말에만 아이를 보러 갔다. 그다음에 할 일은 대개 페를라에서 150킬로미터 떨어진 포르토 엠페도클레까지 달려가는 것이었다. 그 길은 노새나 다닐 만한 좁다란 길이었지만, 나는 소형차 친퀘첸토를 페라리처럼 빠르게 몰아 그 길을 달렸다. 포르토 엠페도클레에서 배를 타고 람페두사 섬까지 가야 하기 때문이었다. 나는 그 섬에 작은 진료소를 열어놓은 터였다. 그 이튿날에는 갔던 길을 되돌아오는 여정이 기다리고 있었다.

리타의 가족은 내 가족이 되었다. 장인어른 치초는 댁에서 아주 멀리 떨어진 시골에 넓은 땅을 가지고 있었다. 그이는 밀

83

을 재배하고 젖소를 키우고 우유와 치즈와 리코타 치즈를 생
산했다. 해마다 그이는 송아지들을 시장에 데리고 나가서 팔
았다. 그렇게 아내와 자식들을 먹여 살렸다.

리타를 사귀기 전에는 그곳이 내가 전혀 모르는 세계였다.
하지만 나는 이내 알게 되었다. 농부의 삶도 목인의 삶도 어부
의 삶만큼이나 고단하다는 것을. 젖소는 한가롭게 구경하는
동물이 아니라, 매일 젖을 짜줘야 하는 가축이었다. 일요일이
나 휴일이란 없었다. 매일 일해야 하고, 신열이 있을 때도 쉴
수가 없었다. 아침마다 달도 아직 지지 않은 첫새벽부터 치초
는 노새 베르톨도를 타고 나갈 채비를 했다. 장인어른은 장모
님이 지은 음식을 바구니에 담아 길을 떠났다. 날씨가 좋을 때
면 두 시간 반쯤 걸려 밭에 다다를 수 있었다. 그런데 비가 오
는 날이면, 가는 길이 고난의 길로 변했다. 가파른 길과 세 군
데 골짜기를 지나가야 했다. 운수 사나운 날에는 몸에 열이 있
어도 그렇게 가야 했다. 치초는 비를 맞지 않기 위해 커다란
우산을 가져갔지만, 우산을 쓴다고 물에 젖는 것을 막을 수는
없었다. 두 군데의 급류를 건너야 했는데, 겨울이면 물이 불어
나서 온몸이 흠뻑 젖기가 일쑤였다. 치초는 피곤에 지친 나머
지 노새를 타고 가면서 잠을 자기도 했다. 다행히도 노새 베
르톨도는 길눈이 밝았던 터라 언제나 장인어른을 목적지까지

태워다 주었다.

혹독한 추위가 뼛속까지 스미도록 기승을 부릴 때면, 치초는 손이 튼 채로 집에 돌아왔다. 손이 어찌나 심하게 텄는지, 손가락 마디에 틈이 생겨 갈라지고 피가 날 정도였다. 그럴 때 장모님은 올리브기름을 작은 숟가락에 담아 장인어른에게 주었다. 장인어른은 그 기름을 뜨겁게 끓여서 상처에 천천히 발라주었다. 손에 생긴 하나하나의 틈을 그렇게 올리브기름으로 치료하는 것이었다. 상처가 아무는 효과는 있었지만, 기름이 뜨거워서 매우 고통스러울 법했다. 기름이 상처에 닿을 때마다 장인어른의 표정이 일그러졌다.

그이는 언제나 날이 저물고 나서야 귀가했다. 저녁 식사가 끝나면, 피곤에 겨워 침대에 쓰러졌다. 그이에게는 오락이나 바캉스나 휴가라는 것이 없었다. 오로지 일이 있을 뿐이었다.

여름철에 나는 람페두사에 가지 않을 때면, 장인어른과 함께 밭에 나갔다. 그러면서 밀을 어떻게 거두는지 배웠다. 먼저 밀을 베어 묶어서 단을 만든 다음, 그 단들을 나귀 등에 실어 타작마당으로 옮겼다. 우리가 타작한 밀은 마을로 가져갔다. 밀의 일부는 팔고, 나머지는 곳간에 간직했다. 우리는 3주일에 한 번 꼴로 밀을 자루에 담아 방앗간 주인에게 보냈다. 그러면 방아꾼은 그것을 빻아 우리에게 밀가루와 밀기울을 가져다주었다. 장인어른은 그 밀기울을 닭과 다른 동물들에게 먹이로 주었다. 그런가 하면 장모님은 밀가루를 반죽하여 나무를 때는 화덕에서 매주 빵을 구웠다. 나도 반죽하는 법을 배웠다. 그리고 크고 둥그스름한 빵이 화덕에서 나오면, 나는 그것을 큼직큼직하게 자르고 그 조각들에 올리브기름과 소금을 뿌렸다. 나는 그렇게 맛있는 빵을 먹어본 적이 없었다. 빵에서는 흙의 그윽한 향내가 났다. 나는 젖소의 젖을 짜는 법과 유청 치즈인 리코타를 만드는 법도 배웠다. 리코타를 만들 때는 길고 복잡한 절차가 필요했다.

그런 삶은 매력적이었다. 하지만 그건 고단한 삶이었다. 장인어른은 나를 밭으로 데리고 나가서, 그 모든 일에 얼마나 많은 노력이 필요한지 일깨워주었다.

우리 목초지에 풀이 남아 있지 않으면, 소들을 다른 곳으로 데려가야 했다. 단조롭고 한적하기 짝이 없는 지대에 있는 작은 골짜기가 그곳이었다. 해마다 같은 시기에 그런 일을 해야 했다. 말하자면 이동 목축이었다. 장인어른은 한 달 먹을 음식을 바구니들에 담은 다음, 노새 베르톨도를 타고 소들을 이끌며 길을 나섰다. 그러고는 하루 반이 지나서 목적지에 다다랐다. 거기에는 아무것도 없었다. 오두막 한 채도 지어져 있지 않고 주위에 사람도 보이지 않았다. 치초는 나무 아래에서 잠을 잤다. 소들이 둘러싸고 있어서 약간의 온기가 느껴졌다. 그렇게 가족도 벗도 없이 홀로 나날을 보냈다. 낮에는 따가운 햇살에 살갗이 그을렸다. 밤에는 옷이 물기를 먹어 축축하게 젖었다.

이동 목축 시기에 페를라 마을에 갈 때면, 나는 갓 구운 빵과 방금 만든 빵 곁들이를 장모님에게서 받아 장인어른이 일하는 곳으로 갔다. 나는 그이와 함께 몇 시간 동안 이야기를 나눌 수 있었다. 그이는 지혜로운 분이었다. 가족이 평안하게 살 수 있도록 노동에 온 삶을 바쳤다. 나도 그 가족의 일원이었다. 그이는 나를 사위로 여긴 적이 없었다. 나는 그이의 셋째 자식이었다. 그리고 그 점에 대해서 평생토록 그이에게 감사를 드릴 것이다.

카타니아에서 우리는 의사들의 훌륭한 단체에 속해 있었다. 똑똑하고 열정적이고 의욕이 강한 의사들이 모인 단체였다. 만약 내가 카타니아에 계속 머물렀다면 공부에 전념할 시간을 가졌을 것이고, 아마 나도 그들처럼 경력을 쌓았을 것이다. 그들은 모두 각 부서의 책임자가 되었으니 말이다. 아무튼 그 시절에 나는 공부에 전념할 시간을 낼 수 없었다. 나는 일을 하고 돈을 벌어야 했다. 그런 상황에서 리타와 나는 우리가 고등학교를 함께 다닌 시라쿠사로 돌아갔다. 그곳의 개인 클리닉에서 내가 일자리를 구했기 때문이었다. 그 뒤에 선택의 시간이 왔다. 어떻게 해야 할지 결정하기가 어려운 상황이었다. 특히 리타에게는 그랬다. 우리가 람페두사로 옮겨 가느냐 마느냐 하는 문제였으니까 말이다. 람페두사에서는 우리 두 사람 모두 일을 쉽게 찾을 수 있었다.

사실, 나는 내 섬으로 돌아가고 싶었다. 모든 게 거기에서 출발했고 모든 게 거기로 돌아갈 것이기 때문이었다. 나는 람페두사 섬사람들의 의사가 되고 싶었고, 섬사람들의 일원이 되고 싶었다. 그리고 거기에는 계획하고 개선하고 건설해야 할 것이 아주 많았다. 그런데 리타에게는 사정이 달랐다. 그 섬에 사는 것을 편하게 받아들이기가 쉽지 않았다. 아닌 게 아니라, 거기에서 태어나지 않았다면 섬의 규모와 리듬과 사는 방식을 이해하기가 어려울 수밖에 없었다. 람페두사가 여름에는 아름다운 섬이지만, 겨울에는 그저 도망치고 싶은 감옥으로 변할 수도 있다. 영화나 연극이나 음악을 좋아하는 사람이라면, 문화적으로 유배당한 듯한 처지에 놓이게 된다.

하지만 리타의 망설임에는 그것 말고 또 다른 이유가 있었다. 훨씬 더 중요한 이유였다. 리타는 내가 어렸을 때 겪었던 일을 기억하고 있었다. 우리 아이들이 나처럼 공부를 계속하기 위해 어린 나이에 섬을 떠나야 하고, 너무 이르게 우리와 헤어져야 하리라는 것을 리타는 아주 잘 알고 있었다. 그녀로서는 그것이 가장 받아들이기 어려운 점이었다.

그런데 한 가지 일화가 '집으로' 돌아갈 필요가 있다는 것을 더욱 강하게 느끼도록 해주었다. 1986년 4월 15일의 일이다. 그 시기에 나는 카타니아의 개인 클리닉에서 원장의 조수로 일하고 있었다. 우리는 제왕절개수술을 하려던 참이었다. 그때 수술실 창문 너머로 한 간호사의 걱정 어린 표정이 눈에 들어왔다.

간호사는 나에게 나오라고 신호를 보냈다. 나는 원장에게 잠깐 나갔다 오겠다고 말하고 간호사 쪽으로 달려갔다.

"선생님, 람페두사에서 뭔가 심각한 일이 벌어진 것 같아요. 와서 보세요. 텔레비전 뉴스 프로그램에서 특보로 나오고 있어요."

아닌 게 아니라, 뉴스 진행자 엔리코 멘타나가 이렇게 보도하고 있었다.

"정부 소식통이 전하는 바에 따르면, 리비아의 초계정이 람페두사에 있는 미군 통신 기지를 향해 4마일 떨어진 해상에서 포격을 가했습니다."

나는 얼른 부모님 댁에 전화를 걸었다. 하지만 통화 중이었다. 이윽고 전화가 걸렸다. 어머니가 전화를 받았다.

"엄마, 무슨 일이 있었어요?"

"쿠르릉 하는 소리를 들었는데, 여기에선 뭐가 뭔지 알 수가 없어."

나는 지체 없이 첫 비행기를 타고 섬에 도착했다. 사실을 알아보니, 포격을 한 것은 리비아의 초계정이 아니었다. 그날 4월 15일 오후 5시 몇 분 전에 리비아의 지도자 카다피가 미국 해안경비대의 로란 기지에 두 발의 미사일을 쏘라고 명령했다. 미국이 트리폴리에 강력한 공중 포격을 가한 것에 대한 보복 조치라고 했다. 리비아의 미사일은 다행히도 바다에 떨어졌다. 람페두사 섬사람들은 피해를 당한 것이 아니라 엄청난 공포를 경험했다.

그 일이 있고 나서 람페두사 읍장의 부탁을 받았다. 섬에 돌아와서 섬사람들의 보건을 위해 제도적인 참여를 해보라는 것이었다. 나는 2년 뒤인 1988년에 그 요구를 받아들여, 람페두사 기초의회에 들어갔다. 그런 다음 읍장 보좌관 겸 보건 담당관으로 임명되었다. 그 시기는 내 인생에서 가장 강하게 일을 추진했던 때에 속한다. 람페두사에서 우리가 처음에는 구급 비행기로, 나중에는 헬기로 항공이송 서비스 체계를 마련한 것도 바로 그 시기에 이루어진 일이었다. 그때까지 람페두사에는 당직 의사 한 사람과 자기 의원을 낸 몇몇 전문의가 있을 뿐이었다. 우리는 천천히 일을 진행시켜 보건소를 설치하고 응급 의료 체계를 갖추어나갔다. 당시에는 응급 의료 체계가 이 섬에서 이토록 중요한 일이 될 줄을 몰랐다. 읍장 보좌관 겸 보건 담당관의 경험은 5년 뒤에 끝났다. 하지만 람페두사섬과 리노사섬의 보건 체계를 개선하기 위한 나의 싸움은 여전히 계속되고 있다.

우리가 섬으로 이사 왔을 때 그라치아는 두 살 반이었다. 리타도 우리 섬에서 일자리를 찾아냈다. 의료 분석 연구소의 소장 자리였다. 그건 놓칠 수 없는 기회였다. 우리는 서둘러야 했다. 그건 섬에 하나밖에 없는 연구소였다. 망설일 이유가 없었다. 예전에 연구소를 이끌던 이들은 아그리젠토로 돌아가야 하는 상황이라, 연구소를 계속 유지하려면 리타 같은 전문가가 필요했다.

아내가 우리의 선택을 가족에게 알리던 저녁 시간에, 장모님은 소스라치게 놀라기는 했지만 아무 말도 하지 않았다. 몇 분 뒤에 장모님이 방으로 들어갔고, 방문 너머에서 흐느끼는 소리가 들려왔다. 장모님이 눈물을 펑펑 쏟으며 울고 있었다. 우리가, 아니 내가 딸을 데려가기 때문이라는 것이었다. 여기서 말하는 딸을 리타라고 생각할 수도 있겠지만, 그건 리타가 아니라 그라치아였다. 장모님은 우리가 카타니아에서 공부하고 있을 때, 그리고 그 뒤에 시라쿠사에서 일하고 있을 때, 우리 딸을 키워주고 먹여주고 예뻐해주었다. 가사노동을 하면서도 그라치아를 돌보는 일을 한순간도 소홀히 하지 않았다. 우리가 그라치아를 데려간다는 것은 장모님에게 섭섭하기 이를 데 없는 일이었다. 그래서 장모님은 "우리 '삐치리다'(애기) 없이 어떻게 살지?" 하면서 울었다.

페를라 마을을 떠나던 날, 우리는 자동차에 짐을 잔뜩 실어놓고 모두에게 작별 인사를 드렸다. 포르토 엠페도클레에 늦게 도착하면 람페두사 가는 배를 놓칠 염려가 있어서 바삐 가야 하는 상황이었다. 리타는 장모님을 불렀다. 대답이 없었다.

"마마, 에 따르두.(엄마, 늦겠어요.)"

다시 불러도 대답이 없었다. 우리는 장모님을 찾아 곳곳을 돌아다녔다. 방에도 뜰에도 고샅길에도 장모님이 없었다. 집에서 나가버린 것이었다. 우리와 작별 인사를 나누자니 너무 가슴이 아파서 견딜 수가 없었던 것 같았다. 그야말로 우리가 장모님 품에서 그라치아를 빼앗아가는 형국이었다. 우리는 달리 방법이 없어서 그이에게 작별 인사를 하지 않고 길을 떠났다. 리타에게 포르토 엠페도클레로 가는 길은 정말이지 비극의 한 장면이었다. 리타는 우리 딸이 불안해하지 않도록 소리 없이 울었다. 리타는 자기 마을, 자기 뿌리, 자기 가족을 두고 가는 것이었다.

당시에 리타는 이미 람페두사섬을 아주 잘 알고 있었다. 약혼 시절에 내 가족을 만나기 위해 여러 번 갔기 때문이다. 그런데 배가 항구에 닿았을 때, 리타는 깊은 슬픔에 젖어 있었다. 우리 온 가족이 마중을 나왔는데, 리타의 모습이 여느 때 같지 않았다. 눈에 활기가 없고 목이 잠겨 있었다. 내 누이들이 걱정스러운 표정으로 물었다.

"리타, 무슨 일이야? 어디 아파? 여행이 힘들었어?"

아내는 대답을 하고 싶었지만, 너무 힘들어서 그럴 수가 없었다.

우리가 그렇게 이사를 한 것은 여름철의 일이었다. 그래서 카타니아의 두 친구가 람페두사에서 여름휴가를 보내겠다며 우리와 함께 우리 섬에 왔다. 그들이 돌아갈 때가 되자, 리타는 거의 강박적이다 싶을 정도로 그들에게 요구하기 시작했다.

"너희들, 다시 올 거지? 우리만 여기에 남겨두면 안 돼. 람페두사는 멀지 많아. 그냥 비행기만 타면 되잖아……."

그건 결국, 우리가 세상 밖에 살고 있지 않다는 것을 스스로 납득하기 위한 하나의 방식이었다.

겨울이 되자, 리타는 일요일마다 자동차를 타고 바람을 쐬러 가자고 했다. 우리는 포넨테 곶으로 달려갔다가, 다시 차를 몰아 프란체세 만으로 갔다. 그런 다음 그레칼레 곶으로 달려가지만, 그 뒤로는 더 갈 곳이 없다. 섬을 열 바퀴 돌아봐도 사정은 달라지지 않았다. 리타는 가슴이 답답할 터였다. 나는 그 심사가 짐작이 가고도 남았다. 그럴 때면 그녀가 여기로 이사를 오도록 만든 나 자신이 원망스러웠다. 시칠리아의 친정에 갔다가 돌아오기 위해 비행기를 탈 때면, 리타의 눈빛에 생기가 전혀 없었다. 람페두사섬이 수평선에 나타나면, 그 모습이 반갑다기보다 너무나 작은 땅뙈기처럼 보일 뿐이었다.

아내가 자기 기분을 바꾸려면 그저 일을 열심히 하는 수밖에 없었다. 하지만 갑자기 연구소를 맡아 운영한다는 것은 어려운 일이었다. 당시에는 일이 지금처럼 돌아가지 않았다. 그들은 견본을 채취하여 하나하나 분석해야 했고, 분석 결과를 얻자면 며칠이 걸렸다. 리타는 우리가 그라치아와 떨어져 살던 시라쿠사 시절보다 훨씬 더 심한 죄책감을 느끼고 있었다. 그라치아와 함께 보낼 시간이 너무 짧다는 사실은 그녀에게 엄청난 괴로움이었다.

그러던 차에 어느 토요일 아침, 인생이 그녀에게 다시 미소를 지었다. 리타가 빨래를 널고 있을 때 전화벨이 울렸다. 장모님이었다.

"리타, 이제 너희 아버지가 일을 그만두셔서, 우리가 생각한 건데, 네가 괜찮다면 람페두사로 이사 갈까 해. 우리가 이사 가면, 내가 그라치아를 돌볼 수 있고, 너는 더 편하게 일하러 다닐 수 있잖아."

아내는 마치 로토에 당첨되기라도 한 것처럼 펄쩍 뛰어올랐다. 그러고는 집 안을 돌아다니며 춤을 추었다. 리타는 웃기도 하고 울기도 했다. 마침내 외로움을 덜 수 있게 된 것이었다.

하지만 안타깝게도 리타의 행복은 오래가지 않았다. 우리 인생에서 가장 과감한 선택을 할 때 그녀가 염려했던 일이 벌어졌다.

그라치아는 다른 아이들보다 한 살 먼저 학교에 들어갔다. 그래서 열두 살 반이 되자, 아내의 악몽이 현실로 나타났다. 우리 딸아이가 우리 곁을 떠나야 했다. 팔레르모에서 고등학교를 다니기 위해서였다. 리타와 내가 수녀님들이 운영하는 기숙사에 그라치아를 데려다주러 갔을 때, 그라치아가 먼저 울음을 터뜨렸고 애 엄마도 따라 울었다. 여학생들이 함께 자는 거대한 공동 침실. 따뜻하지 않고 매우 싸늘한 분위기. 말 그대로 여학생 기숙사.

그라치아는 그런 곳에 머물고 싶어하지 않았다.

"엄마, 나를 여기에서 데려가줘. 난 집으로 돌아가고 싶어."

그건 한 편의 드라마였다. 우리는 셋 다 눈물을 머금은 채 헤어졌다. 리타는 그 뒤로도 보름 동안 더 울었다. 퇴근해서 돌아오자마자 울기 시작해서 그칠 줄을 몰랐다. 그라치아와 전화 통화를 할 때도 매번 울었다. 초기에는 우리 딸을 두 달에 한 번씩 보러 갔다. 그러다가 나중에는 부활절과 성탄절, 그리고 여름방학 때만 그 애를 만났다.

그건 정말 고행이었다. 하지만 그것으로 끝이 아니었다. 4년이 지나자 똑같은 일이 우리 둘째 딸 로산나에게 벌어졌다. 로산나도 람페두사를 떠났고, 뒤이어 우리 아들 자코모도 떠났다. 매번 이별은 너무나 가슴 아픈 일이었다.

어느 날, 리타는 내게 말했다.

"난 이제 눈물이 없어. 다 쏟아냈거든."

그래도 일 년에 한 번, 환희가 넘쳐나는 때가 있었다. 페를라의 수호성인인 성 세바스티아노의 축일이 바로 그때였다.[7] 우리는 장인장모를 모시고 람페두사를 떠나 그 마을로 갔다. 나의 처남도 이 행사를 거르지 않고 시라쿠사를 떠나 고향집에 돌아왔다. 우리는 그렇게 다시 만나 며칠 동안 함께 지냈다.

---

7 1월 20일.

장모님은 예전처럼 화덕 앞에서 음식을 만들었다. 그건 과거로 여행을 떠나는 것과 같았다. 우리는 웃고 떠들고 놀이를 하면서 아주 흥겨운 날들을 보냈다. 어른들과 아이들이 함께 어우러졌다. 근심과 걱정은 날아가고, 마침내 한데 모였다는 기쁨만 가득했다. 그때마다 나는 페를라가 나에게, 우리에게 얼마나 소중한지 다시금 생각했다.

세상의 '큰 인물들'은
이해하지 못하는 것

"선생님, 임신한 여자가 배에 타고 있어요. 지금 진통이 시작됐어요."

그런 전화를 받고 곧 부두로 나갔다. 우리는 그 여자를 보건소로 데려왔다. 진찰을 해보니 의심의 여지가 없었다. 그 여자를 헬기에 태워 팔레르모로 보내야 했다. 분만에 문제가 있을 것으로 예상되었다. 합병증이 생겨날 수 있는데, 우리에게는 대처할 수단이 없었다. 그 여자는 남편이며 일곱 자식들과 함께 있었다. 나는 그녀에게 설명했다. 아기를 잃을 염려가 있고 산모 자신이 위험에 빠질 수도 있으니, 당장 헬기를 타고 떠나야 한다고. 그런데 모두가 한꺼번에 갈 수는 없으니, 남편과 자식들은 이튿날 뒤따라 갈 거라고. 하지만 여자는 더 들으려고 하지 않았다. 이미 갖가지 험한 일을 겪고 난 터라, 어떠한 일이 있어도 자식들과 헤어지고 싶지 않다는 것이었다. 남편이 그녀를 설득하고자 했지만, 소용이 없었다. 그 여자의 고집이 대단했다. 참으로 난감한 상황이었다. 시간을 허비할 수 없었다. 자칫하면 그녀가 우리 보건소에서 죽을 수도 있었다.

나는 즉시 내가 알고 있는 연락망을 모두 가동했다. 헬기로는 충분하지 않았다. 헬기에 모두 타기에는 그 집 식구들이 너무 많았다. 한시가 급했다. 내 머릿속에 모래알들이 아주 빠르게 흘러내리는 모래시계가 보였다. 문제를 해결할 길이 없다는 생각이 들었다. 그래서 막 절망에 빠지려던 찰나에, 뜻밖의 해결책이 나타났다. 내무부 장관이 우리가 사용할 수 있도록 군용 항공기를 내주기로 했다. 그 군용기로 그들을 운송할 수 있을 터였다. 그 여자가 이겼다. 고집을 부려서 요구를 관철시킨 셈이었다. 이제 아무도 그녀의 가족을 서로 갈라놓지 못할 터였다. 내가 그 해결책을 말해주자, 여자는 나를 끌어안더니 딱딱해 보이던 표정을 지우고 감사의 뜻이 담긴 미소를 지었다.

우리 섬에 상륙하는 가족들을 헤어지지 않게 하고, 이리저리 흩어진 가족을 다시 만나게 하는 것, 이는 우리의 목표들 가운데 하나다.

그 일이 있고 얼마 지나지 않아, 나는 제라치 시쿨로라는 기초자치단체의 장에게서 전화를 받았다. 제라치 시쿨로는 팔레르모에서 멀지 않은 마도니에 산악지대에 있는 작은 마을이다. 운명의 장난인지, 전화한 사람의 성은 내 이름과 같았다.

"저는 바르톨로 비엔나입니다. 제가 불편을 드리는 거라면 죄송하지만, 선생님은 저를 도와줄 수 있는 유일한 분입니다."

그 전화가 인연이 되어 지금까지 이어져오는 우정이 시작되었다. 승산이 없어 보이던 일이 해피엔딩으로 마무리되는 과정에서 우리의 우정이 깊어진 것이다.

시리아 사람들 24명이 리비아에서 함께 배를 타는 데에 성공했다. 남자와 여자에 아이들까지 포함되어 있는 그들은 모두 한 가족이었다. 난바다에 이르러 큰 배에서 작은 배들로 옮겨 타는 때가 되었을 때, 불법 이주민 운송업자들은 그 24명 중 일부만 작은 배에 태웠다. 그들을 다 태울 자리가 없었다. 작은 배에 옮겨 타지 못한 사람들은 리비아로 되돌아갔다. 그들 중에는 부모와 억지로 헤어진 여자아이도 한 명 있었다. 다행스럽게도 아이는 자기네 삼촌들 가운데 한 사람과 함께 있었다.

먼저 유럽을 향해 떠난 사람들은 계속 항해를 하다가, 이탈리아 해군 순찰선에 발견되어 통제를 받게 되었다. 해군은 그들을 먼저 시칠리아 남부 라구사도에 있는 포찰로로 데려갔다가, 난민 신청자 센터가 있는 제라치 시쿨로로 이송했다. 딸과 헤어진 부모는 며칠 뒤에 이 기초자치단체의 장을 만나 자기네 사연을 들려주었다. 이야기를 들어보니, 그들이 이중으로 농락을 당한 사건이었다. 그들은 딸과 억지로 헤어졌을 뿐만 아니라, 해군의 배에서 얼마 되지 않는 소유물을 빼앗기기까지 했다. 매우 유감스러운 사건이었다. 법적인 후속 조치가 불가피했다. 그리고 매일같이 해상에서 인명을 구조하기 위해 갈수록 더 많은 고생을 하는 있는 군인들이 모두 분노했다.

아이를 데리고 있던 삼촌은 다행스럽게도 휴대전화를 통해 아이의 부모와 연락을 할 수 있었고, 자기네가 람페두사로 이송되었다는 소식을 전했다. 바르톨로 비엔나는 그 소식을 듣고 우리 섬에 연락을 취했고, 사람들에게서 내 이름을 들은 것이었다. 나는 그의 전화를 받자마자 수용 센터로 달려가서 그 남자와 여자아이를 찾기 시작했다. 그것은 간단한 일이 아니었다. 당시에는 수백 명의 난민들이 거기에 수용되어 있었다. 안에는 자리가 모자라서, 시리아 사람들은 밖에서 나무 아래에 텐트를 치고 머무는 중이었다. 나는 통역 겸 문화중재자의 도움을 받아 내가 온 이유를 설명하고 여자아이의 특징을 알려주었다. 이윽고 사람들이 여자아이를 찾아냈다. 과정이 쉽지는 않았지만, 우리는 람페두사와 제라치 시쿨로 사이에 가상의 다리를 놓는 데 성공했고, 온 가족이 함께 만나도록 도와줄 수 있었다. 그들은 이제 모두가 네덜란드에 살고 있다. 앞으로는 어찌 될지 알 수 없지만, 현재로서는 그러하다. 사실 그들이 진정으로 바라는 것은 전쟁이 끝나 시리아의 고향으로 돌아가는 것이다. 그들과 마찬가지로 무수한 가족들이 그것을 바라고, 무수한 의사, 건축가, 기술자, 교사, 노동자, 학생들이 그것을 바란다. 난민들은 모두가 그러하다.

제라치 시쿨로 같은 작은 마을의 행정을 맡아보는 대표는 그 점을 잘 알고 있었기에, 어려움에 처한 가족을 돕기 위해 온갖 노력을 다 기울였다. 그는 가족을 돕는 데에 성공했고, 그 뒤로도 계속 그들에게 연락을 취하여 그들이 어떤 상태에 있는지, 어떻게 살고 있는지 알아본다. 그런데 세상의 '큰 인물들'은 그런 사실을 깨닫지 못한 듯하다.

나는 난민들이 추방되는 장면을 볼 때마다, 지옥에서 도망쳐 나왔던 수많은 사람들이 동정조차 받지 못하고 강압에 따라 떠났던 땅으로 되돌아가야 하는 상황을 볼 때마다 화가 나서 눈물을 참을 수 없다. 어떻게 종잇장 하나에 간단한 사인을 하는 것만으로 무수한 인명의 갈 길을 결정할 수 있을까? 어떻게 그런 사인을 하자마자 사진기자들과 카메라맨들 앞에서 미소 띤 얼굴로 포즈를 취하는 용기를 낼 수 있을까? 우리는 도대체 어떤 사람들이 된 것일까? 우리는 어쩌다가 그런 식으로 기억을 잃어버렸을까?

"자업자득이야"

　500명이나 되는 사람들이 한 배에서 내렸다. 나는 부두에 나가 그들을 검진하기 시작했다. 거의 모두가 옴에 걸려 있었다. 배를 타기 전에 리비아의 불결한 창고에서 몇 달을 보내는 동안, 짚을 넣은 매트 위에서 옴진드기와 이가 잔뜩 꼬인 담요를 덮고 잤으니, 그런 일이 생길 법도 했다. 옴진드기는 사람 피부의 각질층에 고랑을 파고 들어가 기생한다. 옴이 오르면 가려움증이 생겨 계속 긁게 된다. 밤이 되면 가려움증이 더욱 심해진다. 자꾸 긁으면 살갗이 헐어서 문드러진다. 그렇게 고통에 고통이 더해진다.

　옴에 걸린 사람들을 대하는 것은 흔히 있는 일이다. 하지만 이번에는 그런 사람들이 아주 많았다. 에티오피아 북부의 에리트레아에서 온 젊은 부부도 그 무리에 속해 있었다. 내가 옴의 증상을 많이 보았지만, 해악이 그렇게 심한 옴을 본 것은 그때가 처음이었다. 그 부부의 손은 마치 비늘로 덮여 있는 것처럼 보였다. 그들은 몸의 이곳저곳을 계속 긁어댔다. 마치 자기 피부가 아닌 것을 함부로 다루는 것 같은 느낌이 들 정도였다. 우리는 그들을 수용 센터로 데려갔다. 그 뒤로 사흘 동안 아주 강력한 처방으로 그들을 치료했다. 벤질 안식향산염이 들어간 혼합물을 치료제로 사용했는데, 그건 효과가 좋은 반면 아주 조심스럽게 사용해야 하는 약제였다. 나는 약제의 용량을 아주 높게 잡았다. 위험이 따른다는 것은 잘 알고 있었지만, 달리 방법이 없었다. 감염이 하도 심해서 기생충을 박멸하지 않으면 안 되는 상황이었다.

의사로 일하자면 끊임없이 자기 결정에 책임을 져야 한다. 위험이 따른다는 것을 받아들이지 않고 일하는 의사는 직업을 바꾸는 편이 낫다. 우리는 위험을 각오하고 일한다. 언제 어떻게 치료할지를 결정하자면 아주 명석한 판단이 필요하다. 그리고 일단 결정이 내려지면 뒤로 돌아가는 것이 불가능하다.

치료를 시작하고 이틀이 지난 뒤에 나는 효과가 있는지 확인하기 위해 수용 센터에 들렀다. 입구에서 서로 인사를 나누고 서류를 주고받는 사이에, 멀리에서 젊은 남녀가 내 쪽으로 달려왔다. 남자는 내 앞에 다다르자 감사의 뜻으로 무릎을 꿇더니 눈물을 흘리면서 내 두 손에 입을 맞췄다. 나는 그가 우는 까닭을 이해하지 못했다.

"일어나요, 무슨 일이 있어요?"

"7년 동안 고생을 했는데, 드디어 저와 제 아내가 편안히 쉬었습니다. 저희가 제대로 잠을 잤어요."

피부가 비늘로 덮인 것처럼 보였던 부부가 그렇게 기쁨을 표현했다.

이들은 옴에 걸려 오랫동안 고생을 했지만, 아무도 이런 사람들을 불쌍히 여기지 않는다는 생각이 들었다. 나는 그들과 포옹을 나누고 센터를 나섰다. 어쨌거나 치료는 효과를 보았다. 나는 그것을 확인한 것으로 족했다.

"피에트로, 어서 화장실로 와봐."

어느 날, 리타의 걱정 어린 목소리가 소파에 누워 있던 나를 깨웠다. 난민들의 배가 또 부두에 닿았기 때문에 몇 시간 동안 검진을 하고 돌아와서 조금 쉬고 있던 때였다. 나는 설핏 잠이 들었다가 아내의 말을 듣고 벌떡 일어났다.

"애 똥에 피가 섞여 있어."

나는 가슴이 철렁 내려앉았다. 우리 둘째 아이 로산나는 심장 질환을 안고 태어난 터라 생후 몇 달 만에 수술을 받아야 했다. 아내와 나는 언제나 로산나를 주의 깊게 보살폈다. 아이가 대수롭지 않은 유행성감기에 걸려도 우리는 한걱정을 했다.

우리는 팔레르모로 가는 첫 비행기를 타고, 로산나를 병원에 데려갔다. 로산나는 여러 가지 검사를 받았지만, 출혈의 이유는 밝혀지지 않았다.

다른 비행기를 타고 다른 곳으로 가야 했다. 이번 목적지는 로마였다. 우리의 근심은 갈수록 깊어졌다. 우리는 로산나를 유명한 소아청소년과 병원으로 데려갔다. 검사 결과는 마찬가지였다. 어떻게 대처해야 할지 알 수가 없었다. 보름이 지나도록 진단이 나오지 않았다. 딸아이는 당시에 다섯 살이었다. 소아과 전문의들은 이 어린아이에게 무엇을 해주어야 할지 갈피를 잡지 못했다. 그야말로 안개 속에서 더듬더듬 나아가는 형국이었다. 그때 리타와 나에게는 한 가지 의아스러운 것이 있었다. 나는 담당 의사와 이야기를 나누다가 우리 딸아이의 대변을 분석해보라고 요구했다. 하지만 의사는 그럴 필요 없다고 대답했다. 조만간 자기네가 해결책을 찾아낼 테니, 조급하게 굴지 말라는 것이었다. 이건 참으로 고약한 일이었다. 딸아이가 쇠약해지고 회복할 기미를 보이지 않는 상황에서, 의사라는 자가 의사들 사이에 끼어서 무력감을 느끼고 있었으니 말이다.

나는 간호사 한 분을 설득해서 배설물 수거용 실내 변기 하나를 얻었다. 그러고는 검사에 쓰기 위하여 딸아이의 대변을 조금 받아냈다. 그런 다음 열대 질병 전문 연구소에 가서, 아주 친절한 여자 박사님을 만났다.

"나한테 두고 가세요. 결과가 나오면 전화 드릴게요."

그 말을 듣고 나서, 나는 무슨 일이 벌어질지 짐작하지 못한 채로 계단을 터벅터벅 걸어 내려갔다. 그런데 현관문을 열고 나가는 순간, 발코니에서 나를 부르는 소리가 들렸다.

"박사님, 다시 올라오세요, 얼른요."

나는 번개처럼 빠르게 계단을 되올라갔다. 가슴이 두방망이질을 쳤다.

박사는 나를 현미경 분석이 이루어지는 실험실로 데려가서, 현미경 하나를 가리켰다.

"잘 보세요. 여기 솜뭉치처럼 생긴 거 보이죠? 그건 자르디아예요."

나는 자르디아가 무엇인지 잘 알고 있었다. 이미 대학에서 공부했던 대로, 그건 척추동물의 장에 기생하는 원생생물의 한 속이다. 우리 딸아이의 대변에 피가 섞인 것은 이 기생충이 장을 공격했기 때문이었다. 리타와 내가 제대로 본 것이었다. 우리가 공연히 의심한 게 아니었다. 내가 부두에서 난민들을 검진하다가 자르디아를 내 몸속에 받아들인 게 분명했다. 그 기생충은 오염된 물에서 번식하기 때문에 난민들이 떠나온 몇몇 나라에서는 감염증이 흔히 나타난다. 그런데 나는 그 감염증을 앓지 않고 로산나에게 자르디아를 옮긴 모양이었다.

나는 친절한 동료에게 감사를 표하고 서둘러 병원으로 달려갔다. 행복한 기분이 밀려왔다. 드디어 출혈의 원인을 알아냈고, 사태가 심각하지 않다는 점에 마음이 놓였다. 나는 리타에게 소식을 전하고 그녀를 꼭 안아주었다. 그런 다음 딸아이의 병상으로 다가갔다. 아이는 아무것도 모르는 채로 놀고 있었다. 나는 마치 백 년 동안 그리던 사람을 만난 것처럼 아이에게 입맞춤을 퍼부었다. 안도감이 들고 기분이 날아갈 듯 가벼웠다. 이튿날 우리는 처방을 받고 람페두사로 돌아왔다.

로산나는 이내 회복되었다. 우리가 불안한 마음으로 보낸 그 3주일은 씁쓸한 기분을 느끼게 하는 하나의 추억이 되어버렸다. 그런데 그 아픈 경험을 친구들과 지인들에게 이야기했다가, 이따금 그들의 이상한 반응에 놀라곤 했다. 그들은 이렇게 생각하는 듯했다. '자업자득이야. 그 사람들은 자네한테 병원체를 감염시킬 수도 있고 병을 옮길 수도 있어. 누가 그 사람들을 매일 보살피라고 자네한테 강요하기라도 했나?' 우리 섬에 상륙하는 난민들이 갈수록 늘어나면서, 또한 조심성 없는 정보나 피상적인 정보가 나돌면서, 불행하게도 많은 사람들에게서 그런 태도가 나타나는 것을 보았다. 불안에 빠진 부모들은 수용 센터 근처에 자리한 학교에 자기네 자녀들을 보내려고 하지 않는다. 어떤 부모들은 그 학교의 교실에서 오후에 이주민들을 상대로 교육을 하는 것에 반대하기도 한다.

이 모든 것은 도덕적으로 용인될 수 없다. 그냥 어리석은 수준에 그치는 것이 아니다. 옴 환자들이 자주 상륙하는 것은 사실이지만, 우리는 즉시 그들을 치료한다. 이주민들이 우리 섬의 첫 수용소에서 다른 곳으로 이송되기 전까지 우리는 그들의 옴을 치료한다. 결핵이나 다른 전염병에 걸린 사람들이 오는 경우는 드물다. 그건 아주 예외적인 경우다. 통계 수치들이 그것을 증명한다. 의사가 본분을 다하면 된다. 위중한 환자들을 제때에 치료하여 전염을 피하면 되는 것이다. 그러면 충분하다. 환자의 국적이 무엇이든 아무런 문제가 되지 않는다. 우리는 두려움에 좌우될 수 없고, 그렇게 되어서도 안 된다. 우리는 우리의 문들을 열고, 우리 집들을 개방해야 한다. 나와 리타는 이미 그렇게 했고, 앞으로도 그렇게 할 것이다.

결코 멈추지 않는 오마르

2011년의 일이다. 아랍의 봄이 한창 진행되고 있었지만, 봄날은 아직 오지 않았을 때였다. 3월이었지만 람페두사는 무척추웠다. 며칠 사이에 7천 명 넘는 난민이 람페두사에 상륙했다. 부두에서는 한기가 뼛속에 사무쳤다. 구급차는 쉴 새 없이 보건소와 부두 사이를 오고 갔다. 우리는 밤낮으로 일을 했다. 난민들의 대다수는 튀니지에서 왔다. 백사장, 내포(內浦), 들판 등 어디에나 난민들이 있었다. 어느 날 우리 섬 턱밑의 토끼섬에서 보고가 날아들었다. 난민들 한 무리가 그 섬에 닿았다가 실종되었다는 것이다. 그래도 어느 배 밑에서 한 사람이 발견되었다. 오마르라는 이름의 그 젊은이는 신체 상태가 매우 위태로워 보였다. 탈수증에 걸리고 비쩍 마른 데다가 신열이 나고 경련을 일으켰다.

나는 즉시 오마르를 보건소로 데려갔다. 우리는 수분을 보충하기 위해 그 젊은이에게 수액을 주사했다. 하지만 그것으로는 충분치 않았다. 그는 너무 허약했다. 나는 헬리콥터를 불렀고, 젊은이는 팔레르모의 병원으로 이송되었다. 그는 열흘이 지나서야 다시 일어섰다. 그는 도망칠 수도 있었고, 독일이나 프랑스나 네덜란드로 갈 수도 있었을 것이다. 하지만 그는 람페두사로 돌아오는 것을 선택했다. 나는 그를 마중하러 항구로 나갔다. 그때의 일이 마치 어제 일처럼 기억난다. 오마르는 딴 사람처럼 보였다. 열일곱 살 청춘의 힘과 멋을 되찾은 모습이었다.

람페두사의 한 가족이 그를 맡아서 보호해주겠다고 나섰다. 나는 그 제안을 받아들였다. 하지만 몇 달이 지나자 그 집의 아버지가 나에게 전화를 걸었다.

"피에트로, 미안하지만 우리는 그 젊은이를 더 데리고 있을 수가 없어요. 지금은 상황이 좋지 않아요. 우리 집 애들을 먹여 살리기도 쉽지 않거든요. 이제 어쩔 수가 없어요."

그래서 리타와 나는 오마르를 우리 집에서 지내게 하기로 결정했다. 오마르는 우리와 함께 몇 달을 살았다. 하지만 그는 우리에게 짐이 되는 것을 거부하고 자립하기를 원했다. 그의 뜻을 받아들여 우리는 로마에 있는 친구들에게 전화를 걸었다. 오마르는 로마에 가서 자격증을 따고 통역 겸 문화중재자가 되는 데에 성공했다.

1년쯤 지나서 오마르는 우리 섬으로 돌아와 이주민 수용 센터에서 일자리를 구했다. 그는 일을 아주 잘했다. 게다가 여러 개의 언어를 구사했다. 문제는 권위를 존중하지 못한다는 데에 있었다. 그는 언제나 난민들의 편, 자기처럼 고통받은 사람들의 편에 있었다. 복잡하고 문제가 많은 기관을 관리하는 역할을 맡은 사람들은 무례하게 굴거나 실수를 하기가 일쑤인데, 그는 사소한 것이라도 그런 사례를 용납하지 못했다. 때로는 식사를 요구하거나 담요 하나를 더 달라고 요구하는 사람들을 앞장서서 대변하기도 했다. 어서 람페두사를 떠나 다른 곳에서 기회를 얻고자 하는 사람들이 목소리를 높이면 기꺼이 그들의 편을 들어주었다.

나는 수용 센터의 소장으로부터 여러 번 전화를 받았다. "오마르가 계속 이런 식으로 나가면, 그를 해고할 겁니다." 소장이 그렇게 말하면, 나는 오마르를 설득하려고 애썼다. 위계질서를 무너뜨리면 안 된다고 말하고, 수천 명의 사람들을 관리하는 데는 아주 무거운 책임이 따른다는 사실을 설명했다. 하지만 오마르는 매번 거침없이 반박했다.

"선생님은 사람들이 무엇을 느끼는지 아세요? 선생님은 여기에서 지내도록 강요받고 있는 사람들의 편에 서보신 적이 있나요? 책임자들이 권한을 남용하거나 직무를 유기하는 상황을 접하면 저는 참을 수가 없어요. 저를 이해해주세요, 부탁합니다."

나는 오마르를 이해하고 있었다. 하지만 그가 옳다고 인정할 수는 없었다. 나는 어쩌면 사태를 더 악화시켰는지도 모른다. 오죽하면 리타가 나서서 그를 설득하려고 했을까.

2년 뒤에 오마르는 수용 센터를 나와 실업자 신세가 되었다. 그는 람페두사를 떠나 다른 곳에서 일자리를 구하고 싶어했다. 사실 그는 어떻게든 돈을 벌어야 하는 처지였다. 우리는 그와 사귄 지 얼마 지나지 않아서 그의 가족사를 알게 되었다. 오마르는 부모를 잃고 살다가, 튀니지의 스팍스에서 멀지 않은 마을의 아주 소박한 가정에 입양되었다. 그의 양어머니는 그를 무척 아껴주었고, 그는 어머니를 위해서 무엇이든 하고 싶어했다. 어느 날 그 어머니는 유방암에 걸렸다는 사실을 알게 되었다. 치료가 필요했지만, 그 비용이 너무 비싸서 감당할 수가 없었다. 그래서 오마르는 이탈리아에 가서 일자리를 구하고 돈을 벌어 튀니지에 보내겠다고 결심했다. 그는 그 계획을 실행에 옮겼다. 돈을 벌어도 자기가 살아가는 데는 몇 유로밖에 쓰지 않았다. 나머지 돈은 봉투에 담아, 어머니를 치료하는 데에 쓰도록 누이에게 보냈다.

오마르가 우리 집에 살던 시절에, 어느 날 스팍스에서 편지

한 통이 왔다. 오마르는 즉시 불길한 예감에 사로잡혔다. 그는 편지를 뜯어보려고도 하지 않았다. 그냥 탁자 위에 놓아두고는 눈물을 감추려고 밖으로 뛰어나갔다. 리타가 편지 봉투를 열었다. 오마르의 예감은 사실과 꼭 들어맞았다. 어머니가 치료의 보람도 없이 돌아가신 것이었다. 내 아내는 오마르를 위로하기 위해 그를 찾아 밖으로 나갔다. 그들은 모래밭에 나란히 앉았고, 아내는 마치 아들을 대하듯 흐느끼는 그의 머리를 쓰다듬었다. 흐느낌은 차츰차츰 잦아들었다. 오마르는 리타의 품에서 잠들었다. 열아홉 살이 되어 어머니 같은 분을 또 만났지만, 튀니지의 양어머니 이야기만 나오면 눈물을 떨구고야 마는 청년이었다. 오늘날에도 그는 여전히 그러하다.

오마르는 우리와 함께 많은 시간을 보냈지만, 자기의 끓어넘치는 기세를 억누르지 못했다. 우리는 카타니아 근처의 미네아에 있는 망명 신청자 센터에 연락하여 그를 위한 일자리를 구했다. 하지만 그곳의 사정은 람페두사에 있을 때보다 나빴다. 그는 몇몇 직원들의 모욕과 피상적이고 이해심 없는 태도를 용납할 수 없었다. 미네아에서도 나에게 전화가 걸려왔다. "바르톨로 선생님, 그가 계속 이런 식으로 나가면 우리는 그를 내보낼 수밖에 없어요." 나는 그들에게 참아달라고 부탁했다. 하지만 그래봤자 소용없다는 것을 알고 있었다. 오마르는 자기가 겪은 일을 잊은 적이 없으므로, 결코 타협적인 면모를 보일 수 없을 것이었다.

오마르는 수용 시설에서 어서 벗어나기를 바라는 이주민들을 언제나 편들 것이다. 그 이주민들은 어서 나가 일자리를 찾고 돈을 벌어서 고향집에 보내주기를, 그리하여 자기네 가족이 보통의 삶을 살 수 있게 되기를 간절하게 바라고 있다.

결국 오마르는 미네아의 센터를 나와 다시 우리 집에서 얼마 동안 머물렀다. 그러더니 굳게 마음을 먹고 독일로 갔다. 어느 날 독일인들은 그를 체포했다. 그는 불법체류자가 아니었다. 체류 허가증도 가지고 있었다. 하지만 그 체류 허가증은 이탈리아에서는 유효하지만, 독일에서는 통하지 않았다. 그래서 오마르는 추방을 당했다. 핀란드에서도 같은 일이 벌어졌다. 오마르는 다시 추방되었다. 그게 유럽연합의 법률이다. 유럽연합이란 도대체 어떤 연합인가? 국경과 장벽의 연합이지, 국민들의 연합은 아니다. 오마르는 몰타도 가고 스웨덴도 간다. 일자리를 찾기 위한 인생 역정, 새로운 정체성과 애도나 분노를 뜻하지 않는 삶을 찾기 위한 그의 역정은 계속된다. 나는 오마르가 또 다시 우리에게 돌아오리라는 것을 안다. 하지만 우리는 그가 떠돌이의 삶을 끝내도록 만들지 못할 것이다.

인간의 잔인성

    만약 보건소의 벽들이 말을 할 수 있다면, 그 벽들은 우리가 이미 읽었지만 너무나 빨리 잊어버린 어떤 책에 관한 이야기를 들려줄 것이다. 2015년, 나는 '세르주 비에이라 지 멜루'[8] 상을 받으러 오라는 초청을 받고 폴란드에 갔다. 수상 소감을 말

---

8   국제 분쟁 지역의 평화 정착과 인도적 지원에 헌신적인 노력을 기울인 브라질 외교관 세르주 비에이라 지 멜루(1948-2003)를 기리기 위해 제정된 상. 비에이라 지 멜루는 브라질에서 태어나 파리에서 철학을 공부하고 1969년 유엔 난민고등판무관실에 들어가면서 국제공무원이 되었다. 그 뒤로 방글라데시, 키프로스, 모잠비크, 레바논 등 분쟁 지역에서 주로 활동했고, 1999년에는 코소보 유엔 특사를 맡아 세르비아군 철수를 이끌어내는 데에 참여했으며, 알바니아 난민 수십만 명이 고향에 돌아갈 수 있도록 지원하기도 했고 동티모르 유엔 과도행정기구를 이끌며 동티모르의 독립과 국가 건설을 후원하기도 했다. 그리하여 2002년 유엔 인권기구의 최고 대표인 인권고등판무관이 되었다. 그런데 이듬해 이라크 임시 특사로 임명되어 유엔 이라크 지원 미션(UNAMI)을 수행하다가, 바그다드 주재 유엔본부가 입주해 있던 호텔에 차량 폭탄 테러가 발생했을 때 그 희생자가 되었다. 이 테러는 이슬람 테러 조직이 미국이 아닌 유엔을 표적으로 삼았다는 점에서 국제사회에 큰 충격을 주었다. 코피 아난의 뒤를 이어 유엔 사무총장이 되리라는 기대를 받고 있던 비에이라 지 멜루가 희생되었다는 점에서도 매우 충격적이었다. 폴란드 크라쿠프의 빌라 데키우스 협회는 이 뛰어난 외교관의 업적과 뜻을 기리기 위해 상을 제정하고 2004년부터 매년 수상하고 있다.

하면서, 나는 외람되이 루마니아 출신 미국 작가 엘리 비젤의 이야기를 인용했다. 작가 자신이『나이트』라는 자전적인 저서에서 들려준 이야기 말이다. 그것은 엘리 비젤이 가족과 함께 끌려간 아우슈비츠 수용소와 부헨발트 수용소에서 겪은 일에 관한 이야기다. 그는 그 수용소들에서 자신의 정체성을 잃고 한낱 번호가 되었다. 그는 이렇게 썼다. "나는 그날 밤을, 수용소에서 처음으로 맞은 그날 밤을 결코 잊지 못할 것이다. 그 밤은 내 인생을 일곱 번 봉인된 길고 긴 밤으로 만들어버렸다. 나는 그 연기를 결코 잊지 못할 것이다. 내가 보았던 그 아이들, 몸이 연기의 소용돌이로 변하여 고요하고 푸른 하늘 아래로 사라져간 아이들의 작은 얼굴들을 결코 잊지 못할 것이다."

내가 그 몇 줄의 글을 인용한 것은 그것이 우리 현실과 그리 멀어 보이지 않았기 때문이다.

한번은 이주민들이 배에서 내리는 동안, 60명쯤 되는 젊은 이들을 검진한 적이 있었다. 그들은 뼈만 앙상했다. 탈수증과 기아 상태에 빠져 있을 뿐만 아니라, 바다를 건너오는 동안 기름통에서 새어 나온 휘발유 때문에 화학 화상을 입기까지 했다. 휘발유가 자꾸자꾸 새어 나오면서 그들의 옷가지를 적시고 살갗에 지워지지 않을 자국을 남긴 것이었다. 그들은 일주일 전부터 흔히 '3등칸'이라 불리는 갑판 밑의 선창에 갇힌 채 여행을 했다. 돈이 없어서 위에 있을 수 없는 사람들은 그렇게 짐짝 신세가 되었다. 그들의 몸에는 고문을 당해서 생긴 상처들도 있었다. 칼로 그은 자국이라든가 그들을 감시하던 자들이 담뱃불로 지진 자국 같은 것들 말이다. 그들이 거쳐온 리비아의 감옥은 새로운 형태의 강제수용소였다. 이주민들이 사막과 바다를 여행하면서 겪는 조건은 죽음의 열차를 탔던 유형수들의 조건과 비슷하다. 장벽을 세우고 난민들을 추방하고 싶어하는 사람들로 말하자면, 그들의 태도는 히틀러의 협력자들이 취한 태도와 별반 다르지 않다. 철학자 한나 아렌트가 '평범한 사람들'이라고 불렀던 그들처럼 악을 행하고 있는 것이다. 무수한 아이들이 바다에서 죽게 내버려두거나, 난민들이 국경 지대의 수용소에서 비인간적인 조건을 견디며 살아가게 만드는 사람들도 그들만큼 잔인한 짓을 하는 것이다.

두 차례의 중요한 만남을 거치면서 나의 그런 신념은 더욱 확고해졌다. 첫 번째 만남은 람페두사의 보건소에서 이루어졌다. 우리 보건소는 시간이 지나면서 단순한 의료 기관이 아니라 만남의 장소가 되어 있었다. 때는 2014년 중반이었다. 폴란드의 특파원이자 시인인 야로스와프 미코와예프스키가 내 사무실에 와서 자기소개를 했다. 나는 이유가 분명치 않았지만, 그에게 마음을 열었다. 이야기를 들려주고, 그 전해 10월 3일에 벌어진 뒤로 계속되고 있는 일에 관해서 내가 느끼는 분노를 솔직하게 표현했다. 무엇 하나 빠뜨리지 않고 마음에 있던 말을 다 했다. 그가 자기 나라에 돌아가서 그 분노를 조금 전해주기를 바란 듯했다. 하지만 그게 이유의 전부는 아니었다.

내가 느끼기에 우리 사이에는 파장의 동조나 공감 같은 것이 있었다. 왜 그런 기분이 들었는지를 스스로 설명할 수는 없었다. 불과 30분 전에 만났으니 그럴 만도 했다. 나중에 그는 나에게 이런 글을 보냈다. "뿌리가 다르고 삶의 역정도 다르지만, 우리 두 사람에게는 형제애의 본능이 벌거벗은 채로, 무장해제된 상태로 있어요. 우리가 다른 사람들 속에 있는 사람들이라는 확신, 우리가 남들을 밀어내기보다 우리 안으로 데려가는 사람들이라는 확신이 있다는 겁니다."

그로부터 1년하고 몇 개월이 지난 2015년 10월에, 나는 앞서 말한 '지 멜루' 상을 받으러 폴란드의 크라쿠프에 갔다. 야로스와프는 시내의 이러저러한 술집으로 나를 데려갔다. 이윽고 우리는 카지미에르즈라는 유대인 지구에서 가장 유명한 '연금술'이라는 술집에 들어갔다. 우리는 보드카를 마셨다. 그곳의 분위기는 비현실적이었다. 나는 참으로 오랜만에 내 세계와 단절된 느낌을 받았다. 아무도 나를 부르지 않았고, 아무도 나에게 부두로 달려오라고 요구하지 않았다. 문득 시간이 멎었다. 야로스와프 덕분에 시간이 멈춘 것이었다.

크라쿠프에서 두 번째 중요한 만남이 이루어졌다. 바로 야로스와프 덕분에 성사된 만남이었다. 유대인 지구의 한복판에 있는 아우스테리아 호텔에서 우리는 '마지막 클레즈메르 명인'이라 불리는 레오폴드 코즐로프스키와 식사를 함께하게 되었다. 피아니스트이자 작곡가이자 가수인 그는 스티븐 스필버그가 「쉰들러 리스트」를 만들 때 연주를 맡기고 싶어했던 뛰어난 음악가이다.

야로스와프는 내가 누구이고 내 직업이 무엇인지 그에게 알려주었다. 연로한 음악가는 나를 뚫어져라 바라보더니, 야로스와프처럼 공감을 자아내는 어조로 몇 가지 이야기를 털어놓기 시작했다. 야로스와프가 알려준 바에 따르면, 레오폴드는 스스로 인류의 벗으로 인정한 사람들에게만 그런 이야기를 들려주는 모양이었다. 나치 점령기에 레오폴드는 머리가 잘린 어머니의 처참한 모습을 보았다. 그리고 폐허로 변한 크라쿠프의 유대인 지구도 보았다.

"나는 모두를 잃었어요. 정말이지 모두를, 모든 사람들을 잃었지요."

---

9   동유럽 아슈케나즈 유대인들의 전통 음악.

그렇게 힘주어 강조하고, 레오폴드는 강제수용소에 갇혀 있던 2년 동안 자기가 음악가로서 겪었던 일을 이야기했다. 사형에 처해지는 수감자들과 동행하면서 음악을 연주한 사연, 나치에게 고문을 당하면서도 그들의 요구에 따라 음악을 연주했던 일, 죽임을 당할 위기에서 음악을 연주한다는 이유로 목숨을 보전한 숱한 경우를 회고하기도 했다. 자그마하면서도 강인해 보이는 그 아흔여섯 살 노인의 이야기 속에는 비통하고도 무시무시한 대목이 적지 않았다.

야로스와프는 그때의 추억을 기록하기 위한 개인적인 글에서 이렇게 썼다. "피에트로는 늙은 클레즈메르 명인을 바라본다. 명인이 늙었다는 것은 단지 나이가 많다는 뜻이 아니라, 선택을 받았지만 영원히 고통을 겪고 있는 민족의 오랜 연륜이 느껴지게 한다는 뜻이다. 피에트로의 얼굴은 폴란드 출신의 교황 요한 바오로 2세가 선종하기 전날, 사도 궁전에서 성 베드로 광장에 모인 인파를 향해 인사를 하려고 했을 때 지었던 표정을 생각나게 했다. 레오폴드는 일어나서 피에트로의 손을 꼭 잡았다. 그렇게 악수를 함으로써 두 사람은 앞으로 다른 곳에서도 서로를 알아볼 것이다."

때로 인간의 잔인성이 우리의 예상을 뒤집고 전혀 그럴 것 같지 않는 사람들에게서 나타나기도 한다. 어느 날, 람페두사의 부두에 250명의 이주민들이 도착했다. 검진을 해보니 모두 건강에 문제가 없었다. 버스들이 와서 그들을 수용 센터로 데려가려던 참이었다. 나는 언뜻 두 명의 군인이 이주민 두 명을 소형 트럭에 태우는 것을 보았다. 이주민 두 명은 비쩍 마르고 여행에 지쳐 있는 아프리카 젊은이들이었다. 소형 트럭이 출발하는데, 이상하게도 수용 센터 쪽으로 가지 않고 공항 쪽으로 가고 있었다. 나는 급히 동료 의사를 부른 다음, 내 스쿠터 베스파를 함께 타고 그들을 뒤따라 달렸다. 이윽고 소형 트럭이 벌판길에서 멈춰 섰다. 건장하게 생긴 군인들은 이주민들을 차에서 내리게 하더니 구타를 하기 시작했다. 이유도 없이, 발길질과 주먹질을 하는 것이었다. 근거도 없고 이치나 도리에도 맞지 않는 폭력이었다. 나는 속도를 한껏 높여 그들에게 다가갔다. 그러고는 솟구쳐 오르는 분노를 터뜨리며 소리쳤다.

"이 더럽고 비열한 자식들, 지금 뭐 하는 거야? 그 사람들 건드리지 마. 당장 그만두라고!"

두 군인은 람페두사에 온 지 며칠밖에 되지 않은 모양이었다. 내가 누구인지 전혀 모르고 있었다.

"당신, 누구예요? 왜 나서는 겁니까? 당신이 누구인지 신분을 밝히세요."

"그러는 너희는 누구냐? 어떻게 감히 이런 짓을 할 수가 있지?"

긴장이 갈수록 고조되면서 서부영화를 연상시키는 장면이 벌어졌다. 그들이 내가 보고 있다는 것을 알아차리지 못했고 내 반응을 예상하지 못했기에 더 그랬을 것이었다.

"우리 병영으로 따라오시오."

"너희야말로 나를 따라와야 해. 내가 병영에 가서 너희의 못된 버릇을 고쳐줄 것이거든."

우리는 그들과 거의 동시에 병영에 다다랐다. 병영의 사령관이 깜짝 놀라며 나를 반갑게 맞아주었다.

"바르톨로 선생님, 여기에 무슨 일로 오셨나요?"

내 뒤에 있던 두 군인은 그 장면을 보고, 그제야 자기들에게 고약한 일이 생겼다는 사실을 알아차렸다. 나는 계속 치밀어 오르는 부아 때문에 목소리가 자못 격앙된 채로, 무슨 일이 벌어졌는지 자세하게 얘기했다.

"사령관님, 여기 이 두 사람을 몇 시간 내로 람페두사에서 떠나게 해야 합니다. 그러지 않으면, 내가 온 세계 언론에 이들의 못된 짓을 알릴 겁니다. 그러면 우리 이탈리아가 온 세상의 웃음거리가 되겠지요. 우리 의사들은 되도록 더 많은 사람들을 구조하기 위해 엄청나게 애를 쓰는데, 이들은 가엾은 젊은이들을 이유 없이 때렸어요. 보세요, 이 젊은이들이 너무 맞아서 통통 부었잖아요. 도대체 이들은 무슨 생각으로 이런 짓을 하는 거죠?"

두 군인은 자기들의 야만적인 행동을 정당화하지 못했다. 사령관은 당황한 기색으로 아무 말 없이 자기 부하들을 쏘아보았다.

이튿날 두 군인은 다른 곳으로 전출되었다. 그리고 다시는 람페두사에 발을 들이지 않았다. 그런데 만약 내가 나쁜 일이 벌어지리라는 것을 미리 알아차리지 못했더라면, 그리고 만약 내가 그 군인들을 제때에 뒤쫓아 가지 않았더라면 일이 어떻게 끝났을지 알 수가 없다. 그뿐만 아니라, 두 군인의 그런 행동은 자기네 동료들의 명예를 실추시키고 신용을 떨어뜨릴 위험을 안고 있었다. 수백 명의 군인들이 전문적인 능력을 발휘하고 인간미를 보이며 매일같이 중요하고도 까다로운 임무를 수행하고 있는데, 그 두 명 때문에 일거에 신뢰를 잃을 뻔했던 것이다.

집의 내음

어린 시절에 나는 무척 말랐었다. 그야말로 피골만 남은 앙상쟁이였다. 그래서 아버지는 걱정이 많았다. "삐치 운 만치, 피기우 미우?(왜 안 먹어, 내 아들?)"하고 묻기가 일쑤였다.

저녁마다 식사는 한바탕의 전투였다. 내 입에는 음식이 약보다 고약했다. 한 입 물었던 것을 삼킬 때마다 쓴 알약을 먹는 기분이 들었다. 아버지는 식탁의 상석에 앉았고, 나를 그 옆자리에 앉혔다. 나는 '특별 감시'를 받는 아이였다. 내가 음식을 앞에 두고 머뭇거릴 때마다 아버지는 무척 화를 냈다. 부아를 참느라 피가 맺히도록 혀를 깨무는 경우도 있었다. 그럴 때는 말썽을 피우지 않는 게 상책이므로, 나는 내 접시에 담긴 것을 모두 삼켰다. 반대로 내가 아버지를 화나게 하면, 아버지는 주먹으로 식탁을 탁 때렸다. 매번 같은 곳을 때리다 보니, 결국 우리 부자 사이의 식탁에 우묵한 자국이 생겨났다. 여러 해가 지나서 부모님 댁에 돌아올 때면, 나는 그 자국에 눈길이

닿기만 해도 웃음이 났다.

　아버지는 성미가 고약한 분이 아니었다. 그저 나에 대한 걱정이 많았을 뿐이었다. 사실 나는 너무 허약해서 병을 앓기가 일쑤였다.

　당시에 섬사람들은 막 잡은 가축의 피를 마시는 게 건강에 좋다고 믿었다. 그 피에 철분과 비타민이 많이 들어 있다는 것이 그 이유였다. 내가 일곱 살 나던 해에 겪은 일이 기억난다. 그 시절에는 도살할 가축을 리노사섬에서 아직 살아 있는 채로 실어 왔다. 사람들은 가축들을 널빤지 우리에 넣어 배에 실었다. 그 배가 우리 섬에 도착하면, 기중기를 사용해서 널빤지 우리들을 작은 배로 옮겼다. 가축들이 뭍에 닿으면, 그것들이 도망치지 못하도록 머리와 한쪽 다리에 밧줄을 둘렀다. 땅바닥에 내던져진 불쌍한 짐승들은 걸음을 더 떼어놓으려고 하지 않았다. 마치 자기네가 마지막 여행을 하고 있으며, 곧 도살당할 운명이라는 것을 아는 듯했다. 그러면 사람들은 가축들이 다시 일어나도록 밧줄을 옥죄거나 엉덩이에 불꽃을 들이댔다.

　아버지가 가축의 목에서 갓 흘러나온 피를 마시라고 성화를 해댔기 때문에, 나는 매번 가축이 진짜 도살되는 장면을 목격하지 않을 수 없었다. 사람들은 먼저 가축을 받침대의 구멍에 밀어 넣고 밧줄로 묶었다. 그렇게 짐승이 움직일 수 없게 되면, 백정이 짐승의 목을 잘랐다. 백정의 태도가 어찌나 무심하던지 오싹 소름이 돋곤 했다. 피는 철철 흘러내렸다. 다른 두 남자가 불쌍한 짐승의 배 위로 뛰어오르면 핏줄기가 더욱 세차게 쏟아져 내렸다. 사람들은 그렇게 흘러나온 피를 유리잔에 담아 나처럼 허약한 아이들에게 주며 마시라고 했다. 나는 그 모든 것이 혐오스러워 속이 메슥거렸다. 하지만 거부할 수가 없었다. 나중에 다 자라고 나서야 가축을 그렇게 학대하는 것이 불필요하고 아무 쓸모도 없는 짓임을 깨달았다.

어느 날 오후, 아버지는 새끼 돼지 한 마리를 집에 데려왔다. 나는 그 새끼 돼지에게 '삐누초'라는 이름을 지어주고, 작은 우리 하나를 만들어주었다. 그리고 매일 먹을 것을 갖다주며 돼지가 자라는 것을 지켜보았다. 내가 다가가면 삐누초는 무척 반가워하는 동작을 보였고, 마치 강아지처럼 멀리에서도 내 기척을 알아차렸다. 녀석의 먹이를 마련하기 위해, 나는 매일 딱딱한 빵이든 푸성귀의 겉대이든 구할 수 있는 모든 것을 거두러 다녔다. 그 일은 나의 취미가 되었다.

그러던 어느 날, 아버지가 삐누초를 잡을 때가 되었다고 말했다. 나로서는 말도 안 되는 일이었다. 나는 그 일을 막기 위해 온갖 노력을 기울였다. 하지만 소용이 없었다. 어른들이 삐누초를 도살장으로 데려갈 때, 나는 눈물을 펑펑 쏟으며 울었다. 삐누초도 자기 종말이 다가온 것을 알아차리고 절망에 찬 울음을 내질렀다. 그날 저녁식사 때에 나는 고기 먹는 것을 거부했다. 나에게 삐누초는 짐승이 아니라 친구였다.

그런 식으로 항의를 하면 아주 무거운 벌을 받기가 십상이었다. 우리 집에서는 음식을 거부하는 것이 금지되어 있었다. 어머니가 차려주신 음식은 무엇이든 희생의 결과물이었기 때문이다. 그런데 이번에는 어머니와 누이들도 나와 똑같은 태도를 보였다. 그야말로 다 같이 반항을 하는 셈이었다. 그 태도를 보자 나는 더욱 부아가 치밀었다.

"아니, 먹지도 않을 거면서 왜 잡았어요?"

삐누초의 희생을 보면서 나는 뼈아픈 교훈을 얻었다. 그래서 몇 십 년이 지나서도 그 경험이 나에게 나침반 구실을 해주었다.

어느 날 저녁, 나는 무역항에 정박한 영국 군함 '프로텍터' 호에 올랐다. 그 배에는 200여 명의 이주민들이 타고 있었다. 그들이 하선하기 위해서는 내 허락을 받아야 했다.

계단을 오르다 보니 수단에서 온 소녀 하나가 동물 운반용 케이지를 들고 있었다. 그 안에 뭐가 들어 있느냐고 아이에게

128

물었더니, 아이는 머리에 흰 줄무늬가 있는 검은 고양이를 보여주었다. 고양이의 예방접종 증명서, 특히 공수병 예방접종 증명서를 나에게 보여주지 않으면, 불행하게도 고양이를 배에서 내리게 할 수 없었다. 소녀는 어떤 증명서도 가지고 있지 않았다. 따라서 고양이를 검역법에 따라 일정 기간 격리시켜야 했다. 그 기간이 지나야 소녀에게 고양이를 돌려줄 터였다.

사마라는 이름의 그 소녀는 울음을 터뜨리며 바들바들 떨기 시작했다. 나는 겨우겨우 소녀를 달래고, 일을 잘 처리해서 되도록 빠르게 고양이를 되찾도록 해주겠다고 약속했다. 그러고 나서야 사마를 수용 센터로 보낼 수 있었다. 그런데 고양이를 되찾으러 배에 돌아와보니, 운반용 케이지에 있던 고양이가 사라졌다. 함장이 고양이 때문에 쓸데없이 복잡한 문제가 생기는 것을 피하기 위해, 고양이를 놓아준 것이었다.

나는 소녀가 어떤 반응을 보일지 상상하면서, 소방대원들과 함께 온 배를 뒤지며 고양이를 찾았다. 어서 떠나고 싶어하던 함장은 더욱더 화를 내며 안달을 부렸다. 다행히도 우리는 고양이를 찾아내는 데 성공했다. 나는 동물 애호가인 엘레타에게 고양이를 맡겼다. 고양이는 팔레르모의 수의학 관련 부서에 보내졌다.

나는 수용 센터에 가서 사마에게 일이 어떻게 돌아갔는지 알려주었다.

"이제 참고 기다려야 해. 일이 해결되려면 며칠이 걸려. 그런데 너는 내일 람페두사를 떠나야 해. 여기에 더 머물 수가 없거든."

사마는 절망감에 빠졌다. 그 고양이는 아이에게 오라비와 같았다. 긴 여정을 거치며 고양이를 지키기 위해 악전고투를 벌인 터였다. 그런데 안타깝게도 선택의 여지가 없었다. 나는 사마에게 내 개인 전화번호를 알려주고, 그녀가 고양이를 되찾도록 최선을 다하겠다는 말로 그녀를 안심시켰다. 사마는 내가 거짓말한 게 아니라는 것을 확인하려는 듯, 즉시 내게 전화를 걸어왔다. 내 목소리를 듣더니 마음이 놓이는 모양이었다. 며칠 뒤에 사마가 고양이 소식을 듣기 위해 다시 전화를 걸어왔다. 검역이 진행되던 6개월 동안 그런 일이 되풀이되었다. 사마는 소식을 묻고 자기가 어디로 옮겨 갔는지 알려주었다. 내가 자기의 주소를 알아야 고양이를 돌려줄 수 있기 때문이었다. 사마가 절대로 고양이를 포기하지 않으리라는 것이 분명했다.

독일에 간 사마에게 고양이를 돌려주러 가는 역할은 엘레타가 맡았다. 비행기를 타고 베를린까지 간 다음, 열차를 이용해 사마가 옮겨 간 작은 마을에 도착했다. 엘레타는 사마가 살고 있는 집의 문을 두드렸다. 사마는 눈물을 흘리며 고양이를 받아 들었다. 그러고는 마치 잃었던 어린 식구를 다시 만난 것처럼 고양이를 품에 안았다. 사마가 엘레타에게 고백했다.

"이렇게 된 것이 더 잘된 일이에요. 제가 이 애를 맡았다면 제대로 보호할 수 없었을 거예요."

아닌 게 아니라, 사마와 그녀의 가족은 람페두사를 떠난 뒤로 오랫동안 먼 거리를 여행했다. 프랑스와 맞닿은 이탈리아 북부의 국경도시 벤티밀리아에 갔을 때는 두 달 동안 거리에서 잠을 잤다. 아직 통제가 그리 심하지 않던 시절이라, 그들은 국경을 넘어갈 수 있었다. 그들은 유럽에 아는 사람들이 없었는데, 어떤 사람이 독일로 가라고 조언해주었다. 설령 실패하더라도 시도를 해보라는 것이었다. 그리고 그 조언을 실행에 옮겼다. 그들은 자원봉사자 단체가 마련해준 집에 살게 되었고, 정치적 난민의 지위가 인정되기를 기다리고 있었다. 자녀들은 다시 학교와 대학에 다니게 되었다.

엘레타가 람페두사에 돌아와서 이런 이야기를 들려주었다.

"내가 운반용 케이지를 열자 고양이가 즉시 뛰어올라 사마의 품에 안겼어요. 처음엔 그들 집에서 밤을 보낼 생각이었어요. 그런데 곧바로 생각을 바꿨어요. 내가 불청객처럼 염치없이 그 가족에 끼어들었다는 느낌이 들더라고요. 그들은 참으로 오랜만에 예전의 정상적인 삶을 되찾은 가족이었어요. 자기들 의지에 반하여 정상적인 삶을 포기해야 했던 사람들이 다시 진정으로 하나가 된 것이죠."

결국 고양이 한 마리가 가족의 일원으로 돌아오자, 비로소 그들이 집에서 진짜 집의 내음을 맡게 된 것이다.

배들의 공동묘지

어느 여름날, 큰 배 한 척이 우리 섬에 도착했다. 이탈리아 대통령 조반니 레오네[10]가 타고 온 배였다. 그 뒤로 일주일 동안 나는 그분을 작은 배에 태우고 섬 주위로 모시고 다녔다. 다시 뭍에 돌아왔을 때, 나는 그런 행운을 누린 데에 자부심을 느꼈다. 레오네가 람페두사의 아름다움에 매료되어 매일 또 다른 명소를 보여달라고 부탁했기 때문에 더욱 그러했다. 우리는 저절로 탄성이 일게 하는 절경의 파노라마며, 미답의 외딴 곳

---

10 이탈리아의 법학자이자 정치인(1908-2001). 변호사와 법학교수로 명성을 쌓은 뒤에 그리스도교 민주당의 창당에 참여하고 제헌의회 의원이 되어 정계에 입문했다. 그 뒤에 하원 의장을 지내고 두 차례 총리로 취임하였으며, 1971년에 대통령으로 선출되어 1978년 임기를 6개월 남겨둔 상태에서 록히드 뇌물사건에 연루되어 대통령 직을 사임했다. 1973년, 콜레라가 창궐하던 때에 자기 고향인 나폴리의 한 병원을 찾아가 콜레라 환자들을 병문안하면서 뒷손으로 '코르나'(집게손가락과 새끼손가락만 세우고 나머지 손가락들은 오므린 손짓)를 하는 모습이 사진에 찍혀서 물의를 일으켰다. 나폴리 미신에 따르면, 뿔의 형상을 나타내는 이 손짓은 액운을 쫓는다는 뜻인데, 등 뒤로 돌린 손으로 이런 손짓을 한다는 것은 환자에 대한 모욕으로 받아들여진 것이다.

에 펼쳐진 맑디맑은 백사장들을 보여주었다.

레오네는 소탈한 분이었다. 우리가 함께 탔던 작은 배의 이름을 놓고 농담을 하기도 했다. 그 배의 이름은 '뻴라끼에라'였다. 레오네가 보기에는 그 이름이 아주 신기했던 모양이다. 그 배를 그렇게 부르게 된 것은 '뻴라끼', 즉 날개 달린 바퀴벌레가 늘 들끓었기 때문이지만, 나는 그런 사실을 레오네에게 고백하지 않았다.

그 배에 관광객이나 잠수부를 태울 때나, 우리가 먹을 것을 싣고 갈 때는 조심을 해야 했다. 그 날벌레들이 모든 것을 다 먹어버리기 때문이었다.

내가 어렸을 때 람페두사 사람들은 '뜨라비꼴리'라는 배에 사람들을 태우기도 했다. '사깔레바'라고도 하는 그 배들은 모터 없이 돛을 달고 항해를 했다. 그런데 어느 땐가 선주들이 그 배를 더는 만들지 않겠다고 결정했다. 너무 구식이라서 새로운 배들과 경쟁이 되지 않는다는 게 그 이유였다. 그래서 사람들은 그 돛단배들을 항구 안쪽 백사장인 칼라 팔메에 끌어올렸고, 나중에는 돛단배 위에 다른 돛단배를 쌓아놓기도 했다. 그 배들은 매우 아름다웠다. 그 장소는 이내 우리의 놀이터가 되었다. 우리는 모래밭에 놓인 돛단배의 고물에 5, 6미터 높이의 밧줄을 매달아 그네를 만들기도 했다.

그러던 어느 날, 행정 당국이 그 돛단배들을 거기에 계속 둘 수 없다는 결정을 내렸다. 배들이 너무 넓은 면적을 차지하고 있어서, 섬사람들이 번거로움을 느낀다는 것이었다. 우리는 그저 어린아이들이었지만, 그 결정을 전혀 탐탁하게 여기지 않았다. 어른들이 우리들 역사의 한 부분을 파괴하고 있었기 때문이다. 예전에는 그 배들이 있어서 섬사람들이 먹을 것을 구할 수 있었지만, 이제는 그것들이 치워버려야 할 잔해가 되어 있었다. 그래도 목재는 우리 섬에서 아주 귀한 물자였다. 잔해가 되어버린 그 돛단배들이 꽤나 값이 나간다는 얘기였다. 그건 정말이지 하늘의 은총이었다.

그때 역사의 아이러니라고 할 만한 일이 벌어졌다. 돛단배들을 좋아하던 우리 소년들에게 그것들을 파괴하는 임무가 맡겨진 것이다. 우리는 널빤지들을 하나씩 떼어낸 다음, 마치 개미들처럼 줄을 지어 그것들을 어느 빵집 주인에게 가져다 주었다. 그 빵집에서는 빵을 굽는 데 널빤지를 쓰고 있었다. 그렇게 우리 섬의 배들은 땔감으로 변해갔다. 그것들이 화덕 안에서 불타 재가 되는 것을 보면 마음에 큰 슬픔이 일었다. 그나마 위안이 되었던 것은 이따금 우리에게 약간의 돈이 생겼다는 것이다. 우리는 빵집 주인이 화덕의 재를 쳐내기를 기다렸다. 그러다가 그이가 재를 밖에 내다버리면, 얼른 달려들어 잿더미를 뒤졌다. 널빤지들에 박혀 있던 구리 못을 찾아내기 위해서였다. 구리 못은 값이 쏠쏠하게 나갔기 때문에 우리는 저마다 한두 개라도 더 찾아내려고 애썼다. 그러다 보면 때때로 다툼이 벌어지기도 했다. 우리는 그렇게 얻은 구리 못들을 한 노인에게 팔았다. 노인은 온갖 고물을 다 받아주던 분이었는데, 우리가 가져다준 목재를 땔감으로 쓰던 빵집 주인보다 더 많은 돈을 주었다.

성년이 되고 나서 우리 섬의 사라진 배들을 회상하면서, 나는 우리 아버지들이 실수를 했다는 생각이 들었다. 그 배들 가운데 적어도 몇 척은 보관했어야 하지 않을까? 그리고 우리 섬의 역사를 이야기하고 섬사람들의 기억을 오래오래 보존하기 위해서 박물관을 세웠어야 했던 것 아닐까? 그런데 오늘날에도 우리는 똑같은 실수를 범하고 있다. 우리 섬의 축구장 인근 공터에 다른 배들이 쌓여 있다. 이는 이주민들이 지중해를 건널 때 타고 온 배들의 잔해들이다. 어느 배나 구원과 비극의 이야기를 들려준다. 섬사람들은 이것을 '배들의 공동묘지'라 부른다. 파랑, 터키옥 빛깔, 하양 등이 어우러진 다색의 공동묘지이다. 그 배들의 널판에는 처음 그 배들을 샀던 사람들이 선택한 아랍어 이름이 새겨져 있다. 그들이 물고기를 잡기 위해서, 살기 위해서, 사람들을 죽이지 않기 위해서 샀던 배들이다.

이 공동묘지 역시 해체될 것이다. 이제 자리가 없기 때문이다. 이주민의 배들 역시 우리 섬의 돛단배들처럼 거추장스러운 잔해가 되어간다. 그 가운데 남아 있게 될 것이 있다면, 이주민들이 버리고 갔지만 람페두사 소년들이 박물관을 만들겠다며 수거해온 물건들, 다시 말해서 구명대, 신발, 옷가지 등의 잔류물들뿐이다.

파도의 너그러움

우리 엄마는 람페두사에서 태어났지만, 오랫동안 튀니지의 도시 수사에서 살았다. 엄마의 가족이 람페두사로 돌아온 것은 엄마가 열일곱 살 때였다. 그 무렵에 아버지가 엄마를 만나 사랑에 빠졌다. 아버지도 엄마와 마찬가지로 집안이 가난했지만, 아버지는 의지가 굳센 남자였고 자기 처지를 개선하고 싶어했다. 그래서 어느 날 아버지는 모험을 하기로 결정했다. 그동안 남의 배를 타고 고기잡이를 해서 모아놓은 약간의 돈을 투자해서 케네디호라는 어선을 만들기로 한 것이었다.

아버지는 우리가 '낄리누 아재'라고 부르던 어머니의 남자 형제 니콜라를 동업자로 선택했다. 아재는 수사에서 태어났지만, 가족이 섬에 돌아온 뒤로는 튀니지에 발을 들여놓은 적이 없었다. 아재는 별난 사람이었다. 언제나 미소를 지으면서 말했기 때문에, 농담을 하는 건지 진지하게 말하는 건지 우리로서는 분간이 되지 않았다. 아재는 아버지와 함께 일하면서 아주 훌륭한 어부가.되었다. 아재는 케네디호를 타고 나가서 고기를 잡지 않을 때면, 작은 배를 타고 바다낚시를 나갔다. 여러 개의 바늘이 달린 긴 낚싯줄을 끌고 다니며 많은 물고기를 잡았다. 그 작은 배의 이름은 내 이름과 마찬가지로 피에트로였다.

어느 날, 아버지와 함께 집에 돌아갔더니 엄마가 눈물을 글썽이고 있었다. 아재가 작은 배를 타고 낚시를 나갔는데 아직 돌아오지 않았다는 것이었다. 우리는 즉시 아재를 찾으러 나갔다. 람페두사의 어부들 모두가 우리를 돕겠다고 나섰다. 우리처럼 육지에서 멀리 떨어진 섬에서 나고 자란 사람들이 아니라면, 아마 우리 섬사람들의 이런 반응을 이해하기 어려울 것이다. 누가 바다에 빠졌다면, 그 사람이 누구이든 파도가 알아서 하도록 내버려두는 것은 용인될 수 없고 생각할 수조차 없다. 그건 바다의 법칙이고 아무도 그 법칙을 거스를 수 없다. 그래서 이탈리아 법률이 이주민들을 배에 태워주는 것을 금지했을 때, 우리 섬의 어부들은 그 규정을 따르기를 거부했고, 그 때문에 여러 차례 법정에 섰다.

그렇게 우리는 다 같이 낄리누 아재를 찾으러 갔다. 섬의 둘레를 한 바퀴 돌고 나서, 해안에서 25마일 이상 떨어진 곳까지 둘러보았다. 아무 소용이 없었다. 해군 선박들과 헬기들이 우리를 도우러 나섰다. 역시 성과가 없었다. 우리는 아재를 찾아 내지 못했다. 터무니없는 추정들이 나왔다. 아재의 작은 배가 침몰했거나 납치되었으리라는 것이었다. 해안경비대는 지중 해의 항만관리사무소들에 긴급 통신문을 보냈다. 그러는 사이 에 우리 섬에서는 아재가 살아 있든 죽었든 다시 찾아낼 수 있 으리라는 희망이 사라져갔다.

보름이 지나서 우리 섬의 항만관리사무소에 전화가 왔다. 튀니지에서 걸려온 전화였다. 수사의 해안경비대가 항구 안 에서 작은 배를 발견했는데, 배 안에 시신 한 구가 있더라는 것이었다. 아버지는 나와 섬의 뱃사람들을 케네디호에 태우 고 수사로 갔다. 우리가 항구에 도착하자, 튀니지 사람들은 문 제의 배를 보여주었다. 정말 우리 아재의 배였다. 아재는 임시 영안실에 안치되어 있었다. 아재의 얼굴에는 웃음기가 어려 있었다. 내 눈에는 마치 아재가 우리를 놀리느라 웃고 있는 듯 했다.

이튿날 우리는 아재의 시신을 케네디호로 옮기고 람페두사 로 돌아왔다. 아재는 수사에서 태어났고, 죽은 몸으로 수사에 갔다. 사람들의 설명에 따르면, 고기잡이를 하다가 갑자기 심 근경색이 발생해서 숨을 거둔 모양이었다. 배는 모터가 계속 돌아가고 있으니 항해를 계속하였고, 결국엔 튀니지에 다다른 것이었다. 운명의 장난이었을까, 아재의 배는 아재를 그이가 태어난 뭍으로 데려간 셈이었다. 그렇다면 우리가 아재를 섬으로 다시 데려온 것은 잘못이었는지도 모른다.

튀니지는 엄마의 마음속에서 아주 특별한 자리를 차지하고 있었다. 엄마는 수사를 떠나올 때 가져온 물건 하나를 무척 소중하게 여겼다. 엄마가 자주 사용하면서도 정성스럽게 간수하던 그 물건은 바로 쿠스쿠스 조리용 시루[11]였다. 연둣빛 광택이 나던 그 시루는 엄마에게 튀니지에 살던 시절의 온갖 추억이 담긴 보석함과 같았다. 쿠스쿠스는 엄마가 가장 좋아하던 요리였다. 긴 시간을 들여 그것을 만들고 있으면 추억들이 하나둘 되살아나는 모양이었다.

나는 그런 엄마가 무척 좋았다. 그래서 요리하는 엄마를 가만히 지켜보곤 했다.

엄마는 물을 끓이는 솥 위에 시루를 올려놓고, 두 용구의 틈새에 반죽을 발랐다. 물이 끓을 때 뜨거운 김이 밖으로 새지 않도록 시룻번을 바른 것이었다. 그런 다음에 나무 탁자에 듀

---

11 이탈리아 말 '쿠스쿠시에라'를 옮긴 것. '쿠스쿠스 조리용 찜통'이라고 번역할 수도 있지만, 밑에 물을 끓이는 솥이 있고, 그 위에 듀럼밀의 굵은 가루인 세몰리나를 찌는 데 쓰는 용구를 안친다는 점, 그리고 조금 뒤에서 보듯이 우리말의 시룻번에 해당하는 반죽을 틈에 바른다는 점을 고려하여, 시루라는 말을 선택했다.

럼밀의 굵은 가루인 세몰리나를 부어놓고, 알갱이가 서로 엉기지 않도록 손으로 가만가만 만져주었다. 엄마는 육덕이 좋고 힘이 센 분이었지만, 손이 참으로 아름답고 손맛이 좋았다. 엄마가 기다란 손가락들을 세몰리나 더미 속에 넣고 조물조물 움직거리고 있을 때면, 마치 조각가의 모습을 보는 듯했다. 엄마의 정신은 추억과 어린 시절의 향기 속을 여행하는 것처럼 보였다.

세몰리나가 전혀 엉기지 않고 알알이 흩어지면, 엄마는 그것을 찌기 위해 시루 안에 넣었다. 그러고는 아버지가 갓 잡아온 물고기들을 가지고 수프를 만들었다. 우리 집 요리는 물고기를 주재료로 삼고 있어서 변화가 별로 없었을 법도 한데, 엄마는 텃밭의 채소를 적절히 곁들여 음식을 더욱 다양하고 푸짐하게 차려주었다. 말하자면 엄마의 요리는 색채와 맛의 축제였다. 나는 음식을 좋아하지 않았지만, 복잡하고도 단순한 그 쿠스쿠스는 무척 좋아했다. 그건 오래 전부터 지중해 양쪽 연안의 민중들을 하나로 묶어주던 음식이었다.

우리 집 맞은편에는 우리보다 가난한 가족이 살고 있었다. 그 이웃집을 생각하면, 오늘날에도 엄마의 모습이 눈에 선하다. 앞치마 차림으로 커다란 사기 접시에 쿠스쿠스를 가득 담아 들고 길을 건넌 뒤에 이웃집 아주머니에게 접시를 건네주며 미소를 짓던 모습 말이다. 그렇듯이 우리는 가난했지만, 우리가 가진 작은 것을 서로 나누고 서로 도왔으며, 이기심과 장벽은 없었다.

람페두사에 있는 한 식당에 가보면, 여자 요리사가 우리 엄마가 만들던 쿠스쿠스를 완벽하게 되살려낸다. 나는 거기에서 쿠스쿠스를 먹을 때마다 아이로 돌아가는 기분이 든다. 문득 어린 시절의 모든 추억들이 생생하게 되살아난다. 마치 엄마가 쿠스쿠스를 조리하는 동안 엄마의 추억이 되살아났듯이 말이다. 그 식당의 요리사는 바로 내 누이 카테리나이다. 그 누이가 엄마의 손맛에 관한 중요한 증언을 모은 덕에 우리 가족의 기억 한 조각이 온전히 되살아난 것이다.

훌륭한 요리사라는 점에서는 다른 누이들도 마찬가지다. 다들 엄마에게서 물고기를 요리하는 창의적인 방식을 배웠다.

그 시절에 우리는 지긋지긋해지도록 생선을 자주 먹었다. 다른 걸 먹고 싶지만, 가난 때문에 그럴 수가 없었다. 그런데 어느 날, 다진 고기에 달걀이며 소시지며 치즈를 섞어서 구운 아주 먹음직스러운 요리가 올라왔다. 우리 아이들은 합창하듯 소리쳤다.

"드디어 왔어요! 오늘 저녁에는 생선을 먹지 않아도 되겠네요."

우리는 그것이 천하 일미라도 되는 양 맛있게 먹었다. 식사
가 끝나자 엄마가 우리 모두를 바라보며 물었다.

"비 삐아추?(마음에 들었니?)"

"네, 엄마, 드디어 고기를 먹었네요."

엄마는 빙긋 웃으며 말했다.

"노, 우 뿌르삐뚜니 파뚜 꾸 삐시 에라.(아냐, 고기가 아니라
생선을 다진 거야.)"

엄마의 기막힌 손맛 때문에 우리는 또 다시 놀라지 않을 수
없었다.

철 그른 관광객

　어느 날, 아주 기품 있는 신사 하나가 우리 보건소를 찾아왔다. 그는 커다란 선글라스를 끼고 있었다. 철 그른 관광객이로군, 하고 나는 생각했다. 여름철이 아니라서 그렇게 생각한 것이었다. 그는 컨디션이 좋지 않고 호흡기에 문제가 있는 것 같다면서 나에게 검진을 부탁했다. 나는 마침 행정 업무를 수행하던 중이라 그를 진료할 수가 없어서 그에게 응급실에 가보라고 말했다. 하지만 그는 조금 짜증이 날 정도로 고집을 부렸다. 결국 나는 부탁을 받아들여 그를 검진하고 처방전을 써주었다.

　그러자 그는 나에게 질문을 퍼부었다. 자꾸 질문을 받았더니 수상쩍다는 생각이 들기 시작했다. 그제야 그는 자기가 너무 끈덕지게 굴고 있다는 것을 알아차렸다.

　"저는 잔프랑코 로시라고 합니다. 영화감독으로 일하고 있습니다."

나는 귀를 의심했다. 잔프랑코 로시는 내가 익히 들어온 이름이었다. 베네치아 영화제에서 황금사자상을 받은 그의 다큐멘터리 영화 「성스러운 도로」를 보기도 했다. 나는 그를 알아보지 못한 것이 미안해서 사과를 했다. 그는 자기가 우리 섬에 온 이유를 설명했다. 새 영화를 찍기 위해 영감을 얻을까 하고 섬에 왔는데, 아직 아이디어를 얻지 못했다는 것이었다. 당시에는 수용 센터가 개축 공사를 하느라고 닫혀 있어서 더욱 그러했을 것이다.

로시는 이튿날 섬을 떠날 예정이라고 했다. 그런 인물을 그냥 떠나게 내버려둘 수는 없었다. 사실 나는 람페두사에서 무슨 일이 벌어지는지 이야기해줄 사람을 몇 년 전부터 찾고 있던 터였다. 나는 전 세계 텔레비전들의 요청을 받아들여 수십 번 인터뷰에 응했지만, 그것으로는 사태에 아무런 변화도 줄 수가 없었다. 덧없이 사라지지 않는 어떤 것, 자국을 남기는 어떤 것이 필요했다. 인터뷰는 한 번 방송되고 나면 그만이다. 사람들의 머릿속이나 마음속에 남지 않는다. 사건들은 금세 망각의 늪에 빠져버린다. 오늘날에는 모든 것이 믿기지 않을 만큼 빠른 속도로 소비된다. 특히 정보 분야에서 그러하다. 하나의 비극은 다른 비극을 쫓아내고, 특종이란 기껏해야 며칠을 견디지 못한다. 그런데 이번에는 사정이 달랐다. 영화는 더

146

깊은 메시지를 전하는 데 성공할 수도 있었다.

하지만 로시는 신중한 태도를 보였다. 아직 시나리오의 첫머리도 나오지 않은 마당이라 영화를 찍을 수는 없다는 얘기였다. 그래서 나는 그에게 다시 생각해보라고 부탁했다. 그리고 내가 늘 간직하고 있던 USB 플래시 드라이브를 그에게 맡겼다. 이 플래시 드라이브를 누군가에게 준 것은 그때가 처음이었다. 그도 그럴 것이 거기에는 고통과 수난으로 가득 찬 25년간의 내 삶이 담겨 있었다. 로시는 그것을 돌려주겠다고 약속한 다음, 나에게 감사를 표시하고 사무실을 나섰다.

이튿날, 로시는 아무 소식도 보내지 않았다. 그다음 날도 마찬가지였다. 로시도, 내 소중한 플래시 드라이브도 다시는 못 보는 게 아닌가 걱정이 되었다. 그러나 그건 쓸데없는 걱정이었다. 사흘 뒤에 그는 다시 나를 만나러 왔다. 알고 보니 그는 우리 섬을 떠난 게 아니었다.

"이 플래시 드라이브에 뭐가 들어 있는지 보았어요. 영화를 만들겠어요."

정말 반가운 말이었다. 로시가 말을 이었다.

"그런데 이것은 제가 갖고 있을게요. 잘 보관하고 있다가 나중에 돌려드리겠습니다."

그렇게 로시는 위대한 모험을 시작했다. 섬에서는 아무도 로시가 영화를 찍고 있다는 사실을 알아차리지 못했다. 그는 장비도 촬영 트럭도 클래퍼보드도 가져오지 않았다. 그저 취미 삼아 영상을 찍는 사람처럼 작은 촬영기를 가지고 돌아다닐 뿐이었다. 내 눈에는 그가 사전 물색 작업을 하고 있다는 느낌이 들기도 했다. 그러나 그는 진짜 촬영을 하고 있었다. 이따금 그는 보건소에 들러서 나에게 인사를 하기도 했다. 그러는 사이에 우리는 친구가 되었다. 한번은 그가 초음파검사 장면을 찍게 해달라고 부탁했다. 나는 배에서 갓 내린 젊은 여자를 초음파로 검사하면서 그 부탁을 들어주었다. 또 한번은 그의 부탁대로 우리 섬의 아주 영리한 소년인 사무엘레와 함께 촬영기 앞에 서기도 했다. 섬사람들은 그에게 언제 영화를 찍을 거냐고 물었다. 그는 아무 대답도 하지 않았다.

그러던 어느 날, 로시가 나를 보러 와서 영화를 다 찍었다고 알려주었다. 나는 그 말을 믿을 수가 없었다. 시끄러운 소리를 내지도 않고, 섬의 삶을 방해하지도 않고 모든 일이 이루어졌으니까 말이다. 그는 내 USB 플래시 드라이브를 돌려주었다. 나는 아무것도 지워지거나 변형되지 않았음을 확인하기 위해 그것을 컴퓨터에 연결했다. 그것을 열자마자 어선 장면이 나타났다. 어선에 이주민들이 꽉 들어차 있는 광경을 보여주는 장면이었다.

로시가 곧바로 촬영기를 켜면서 내게 부탁했다.

"지금 보시는 것에 관해서 이야기를 들려주세요."

나는 이야기를 시작했다. 그에게 설명하듯이, 위쪽에서 배를 타고 가는 사람들이 1등칸의 표를 산 사람들이라면, 공기도 공간도 부족한 갑판 밑 선창에 탄 사람들은 갑판에 머물러 있을 수 없었던 3등칸의 승객과 같다고 말했다. 그 장면은 영화 「화염의 바다」의 강렬한 장면들 가운데 하나다. 이 영화의 제목은 우연히 선택된 것이 아니다. 전쟁이 한창이던 1943년 어느 날 저녁에, 이탈리아 군선 '마달레나'호가 람페두사의 항구 한복판에서 폭격을 받고 불에 탔다. 섬사람들은 크게 놀라며 바다에 불이 났다고 소리쳤다. 얼마 지나지 않아 그 외침에 영감을 얻은 작곡가가 대중가요 한 곡을 만들었다.[12]

몇 달이 지나서 나는 전화를 받았다. 그 영화의 제작자들이 걸어온 전화였다.

"바르톨로 선생님, 로마로 오세요. 저희와 함께 베를린에 가셔야 해요. 로시의 다큐멘터리 영화가 베를린 영화제의 경쟁

---

12 1950년 디 잔니-바릴레가 작곡한 이 곡의 제목은 「바다의 불 Fuoco a mmare」이다. 잔프랑코 로시 감독은 이 제목을 한 단어 'Fuocoammare(바닷불)'로 만들어 영화의 제목으로 삼았다. 그리고 영화에서 노래를 들려주고, 한 등장인물을 통해 노래에 얽힌 사연을 알려준다. 우리나라에서는 2016년 8월에 「화염의 바다」라는 제목으로 처음 상영되었다.

부문에 초청되었어요."

나는 「화염의 바다」에 무엇이 담겨 있는지 모르고 있었다. 그들은 중요한 행사이니 내 아내를 데려가자고 말했다. 영화가 상영되던 날의 일이 아직도 기억에 생생하다. 리무진 한 대가 호텔로 아내와 나를 데리러 왔다. 리무진에서 내려 레드 카펫을 밟으니, 우리가 위대한 배우들의 한복판에 있었다. '우리가 여기에서 뭘 하는 거지?' 하는 생각이 들었다.

그날 저녁 나는 비로소 「화염의 바다」를 보았다. 그야말로 명치를 한 대 얻어맞은 기분이 들었다. 나는 감동에 겨워 객석에 붙박여 있었다. 그러다가 영화관 밖으로 나왔는데도 조금 전에 본 것이 머릿속에서 떠나지 않았다. 이 영화는 그냥 다큐멘터리가 아니라, 공을 들여 플롯을 짜고 나직한 목소리로 들려주는 한 편의 이야기였다. 느리지만 짜임새가 있고, 놀랍도록 힘이 넘쳐났다. 영화의 장면 하나하나가 내 가슴속에 아로새겨졌다. 언뜻 보기에는 여러 해 전부터 보고 또 보았던 것들과 비슷한 장면이지만, 로시가 그것들을 필터 없이 사실에 더 가깝게 찍었기 때문에 장면들이 새로워지고 강력해지는 것이었다. 로시는 자기 몫을 다 해냈다. 나도 어떤 의미에서는 일을 해낸 셈이다. 내가 바라던 것이 바로 그 영화의 메시지, 그 꾸밈없고 분명한 메시지, 거짓과 위선에 맞서는 메시지였으니까 말이다. 그런 메시지는 의식을 일깨우고, 사람들을 무감각 상태에서 벗어나게 해준다.

그날 밤 호텔에서 리타는 잠자던 나를 몇 번이나 흔들어야 했다. 나는 잠결에 울고 식은땀을 흘렸다. 그도 그럴 것이 지독한 악몽에 다시 시달렸던 것이다.

때는 2011년 7월 31일. 나는 여느 때처럼 파발로로 방파제에 나가 있었다. 오후에 여러 척의 배에서 사람들이 내렸다. 밤 9시경 길이가 12미터쯤 되는 배 한 척이 도착했다. 배에는 250명이나 되는 사람들이 타고 있었다. 나는 젊은 의사의 도움을 받아 그들을 하나씩 검진하고 하선시켰다. 많은 사람들이 흐느껴 울고 한숨을 지었다. 소리 없이 우는 사람들도 있었다. 왜 그렇게 모두가 상심하고 절망에 빠져 있는지 도무지 이유를 알 수가 없었다. 심각한 증상에 빠진 환자도 없고 죽은 사람도 없었다. 그런데 마지막으로 내리던 사람들이 나에게 선창에 무슨 문제가 있다는 사실을 알려주었다.

어둠이 짙어지고 배는 거의 비어 있었다. 나는 휴대폰을 손에 쥐고 아래쪽으로 통하는 바닥 문을 열었다. 문 아래는 생선을 보관하기 위한 냉장창고였다. 문이 너무 좁아서 지나가기가 쉽지 않았다. 바닥에 발을 대자 무언가 물컹한 것이 밟혔다. 느낌이 아주 이상했다. 다시 발을 디뎌보니, 방석 같은 것이 밟히는 듯했다. 너무 어두워서 휴대폰의 플래시를 켰다. 칠흑 같은 어둠 속에서 무언가를 보자면 그러는 수밖에 없었다. 견딜 수 없는 악취가 코를 찔러왔다.

불빛으로 바닥을 비추자, 끔찍하고 무시무시한 장면이 눈에 들어왔다. 바닥은 시체들로 덮여 있었다. 나는 죽은 사람들을 밟으며 걸음을 옮긴 것이었다. 시신들이 아주 많았다. 모두 어린아이들의 시신이었다. 으스스한 느낌과 순전한 공포가 엄습해왔다. 아이들이 벌거벗은 채로 포개져 있었다. 몇몇 아이는 서로 뒤엉켜 있는 것처럼 보였다. 그건 거의 비현실적인 장면이었다. 선창의 벽들에는 손톱으로 긁은 자국이 가득하고 핏자국이 선명했다. 그 불쌍한 아이들의 손가락 끝에는 손톱이 붙어 있지 않았다. 마치 단테가 묘사한 지옥의 어느 층에 와있는 기분이 들었다.

나는 곧 선창 밖으로 나가서 토악질을 시작했다. 겁에 질리고 충격에 사로잡히고 피폐해진 모습이었을 것이다. 부두에 있는 사람들에게 선창에 무엇이 있는지 알려주었지만, 아무도 내 말을 믿으려 하지 않았다. 결국 소방대원이 선창으로 내려가서 밧줄에 시신들을 묶어 끌어올리기 시작했다.

우리는 시신들을 부두에 늘어놓았다. 머리가 부서지고 손이 으깨진 시신들이 많았다. 모두 구타를 당한 것이었다. 생존자들은 선창에서 학살당한 사람들의 형제자매이자 친구들이었다. 바로 그런 이유로 그들은 눈물을 짓고 절망적인 태도를 보인 것이었다. 불법 이주민 운송업자들은 그들을 협박하여 입을 다물도록 만들었다. 하지만 경찰의 신문이 시작되자, 그들은 자기들이 겪은 무시무시한 일을 다 이야기했다.

리비아에서 배를 탈 때, 처음에 탄 50명은 운송업자들의 강요에 따라 선창으로 내려가야만 했다. 그들은 더 어리고 더 비쩍 마른 승객들이었다. 좁다란 바닥 문을 쉽게 지나갈 수 있는 사람들을 먼저 뽑아서 내려 보낸 것이었다. 다른 승객들은 선창 위쪽에 있었다. 배는 미어터질 만큼 승객으로 가득 찼다. 선창 내부는 작은 현창을 통해서만 환기가 이루어지도록 되어 있었다. 그래서 사람이 그렇게 많이 모여 있으면, 이내 공기가 숨을 쉴 수 없을 정도로 탁해지게 마련이었다. 운송업자들은 항구를 벗어나는 즉시, 선창에 숨겨놓았던 사람들도 갑판으로 올라오게 해주겠다고 약속한 바 있었다. 그 계약에 따라 먼저 25명이 선창에서 나오도록 허락을 받았다. 그런데 배가 심하게 요동을 치기 시작했다. 그러자 운송업자들은 나머지 25명이 냉장창고를 떠나지 못하게 했다. 선창의 공기는 더욱 탁해졌다. 소년들은 소리를 지르고 다시 올라가려고 몸부

림을 쳤다. 운송업자들은 소년들이 다시 내려가도록 몽둥이질을 했다. 어느 순간 소년들은 죽기 아니면 살기로 모두가 힘을 합쳐 그 저주받은 함정에서 탈출하기를 시도했다. 몽둥이질은 계속되었지만 그것 때문에 물러날 수는 없는 상황이었다. 그러나 안타깝게도 인간의 폭력은 한계를 모른다. 운송업자들은 선실의 문을 떼어내어 바닥 문 위에 올려놓고 그 위에 앉아버렸다. 그로써 선창에는 공기도 없어지고, 생명도 사라졌다.

15분 사이에 스물다섯 명이 목숨을 잃었다. 15분 동안 그 불행한 소년들은 살아남기 위해 온갖 노력을 기울였다. 그 15분은 소년들에게 영원처럼 길게 느껴졌을 것이다.

사체검안을 하다가 나는 왜 선창의 벽에 핏자국이 그토록 많았는지 깨달았다. 소년들은 모두 그 냉장창고의 벽에 달려들어 맨손으로 널빤지들을 뜯어내려고 했다. 손에서 피가 날 때까지, 손톱이 빠질 때까지, 생살이 드러난 손가락 끝에 나무 파편이 박힐 때까지 말이다. 며칠이 지나도록 나는 그 장면을 머릿속에서 지우지 못했다. 충격에서 벗어나기가 쉽지 않았다. 시신들을 밟고 걸어 다녔으니, 나도 모르는 사이에 시신들을 모욕한 셈이었다. 마음을 진정시킬 수가 없었다. 널빤지에 새겨진 자국들, 으스러진 뼈들, 도처에 남은 핏자국. 마치 공포 영화를 보고 온 것처럼, 그런 이미지들이 머릿속에서 계속 맴돌았다.

절망에 빠진 소년들의 울부짖음이 귀에 들리는 듯했다. 공기도 없고 빛도 없는 환경에서 살아남기 위해 옷가지를 벗어던지는 모습, 이미 몽둥이에 맞아 상처를 입은 맨손으로 널빤지를 뜯어내려고 애쓰는 모습이 눈에 선했다. 피투성이가 된 50개의 손, 울부짖고 있는 25개의 입. 그리고 위쪽에 있는 다른 사람들. 아래에서 덫에 걸린 쥐들의 신세가 된 사람들이 애원하며 울부짖고 있으니 사정을 뻔히 알지만, 그 소리를 못 들은 척하면서 그냥 무기력하게 가만히 있는 그들. 나는 그 모든 일을 야기한 못된 자들을 생각할 때마다 격노가 북받쳐 오르는 것을 느꼈다.

베를린에서 그날 밤에 악몽을 꾸었을 때도 나는 분노를 억누를 수 없었다. 나는 고통을 느끼며 깨어났고 식은땀에 젖어 있었다.

이튿날 아침, 리타와 나는 로마행 비행기를 탔다. 로마에서 리타는 람페두사로 돌아갔고, 나는 베를린에서 다시 우리를 오라고 할 가능성이 있어서 로마에 남았다. 며칠이 지나자, 정말로 일이 예상대로 돌아갔다. 영화제 시상식이 열리던 2016년 2월 20일 저녁, 나와 잔프랑코 로시는 객석에 나란히 앉아 있었다. 우리는 수상자의 이름이 불릴 때마다 몸을 떨었다. 여섯 번째, 다섯 번째, 네 번째, 세 번째 상이 발표되었다. 긴장이 점차 고조되어갔다. 드디어 두 번째 상의 수상자 이름이 객석에 울렸다. 우리는 환희에 차서 벌떡 일어났다. 가장 큰 상은 우리 것이었다. 우리 영화가 황금곰상의 수상작이 되었다. 꿈같은 일이 벌어졌다. 「화염의 바다」가 심사위원들의 마음을 사로잡은 것이었다. 나는 심사위원장 메릴 스트립의 말을 영원히 기억할 것이다. "이것은 긴급한 영화, 예견적인 영화, 꼭 필요한 영화입니다." 지난 25년간의 일들이 아주 빠른 속도로 내 머릿속을 스쳐갔다. 황금곰상 수상작이 발표되던 그 순간, 나는 또 다시 발작을 일으킬 뻔했다.

그런데 우리의 기쁨은 오래가지 않았다. 우리 메시지가 세계 곳곳으로 전해진 것은 사실이지만, 정작 그 메시지를 실천적으로 받아들여야 할 사람들은 귀를 기울이지 않았다. 잇달아 문들이 닫히고 넘어서기 어려운 장벽들이 세워졌다. 국경들이 막히고 사람들의 머리와 가슴에 빗장이 채워졌다. 연민을 찾아볼 수가 없었다. "우리는 2차 세계대전 이후 인도주의적으로 가장 비극적인 상황에 직면해 있습니다." 프란치스코 교황이 레스보스섬에서 그렇게 말씀하셨지만, 아무도 그 말을 중요하게 여기지 않았고, 교황이 상징적으로 난민 세 가족을 바티칸에 맞아들이신 사실에도 관심을 두지 않았다.

나는 교황이 그리스를 다녀오신 직후에 사적인 면담을 가졌다. 그분의 눈길에는 슬픔과 이해심이 담겨 있었다. 그분은 우리가 침묵의 벽, 파괴할 수 없는 벽을 마주하고 있다는 사실에 큰 슬픔을 느끼고 계셨고, 문제를 해결하기보다 그저 지우는 것에 그치는 사람들을 상대로 우리가 헛된 싸움을 벌이고 있다는 사실을 이해하고 계셨다. 그날 나는 감동에 겨워 몸을 부들부들 떨고 있었다. 사람들은 나에게 침착하게 굴어야 한다고 당부했다. 그분이 2013년 10월 3일 침몰 사건 조금 전에 람페두사를 방문하셨을 때, 내가 숨을 못 쉴 정도로 긴장했던 일을 염두에 둔 충고였다. 그런데 막상 교황 앞에 섰을 때, 나는 더 참지 못하고 울음을 터뜨렸다. 그러고는 눈물을 흘리며 말했다.

"교황 성하, 저희를 도와주십시오. 람페두사 섬사람들이 시신들을 더 보지 않도록 도와주십시오. 사람들을 구하러 리비아에 가야 합니다. 끔찍한 일들이 다시는 일어나지 않게 해야 합니다."

교황은 나에게 묵주를 하나 주셨다. ― 이 묵주는 그 뒤로 내가 항상 지니고 다니는 보물이 되었다. ― 그런 다음 당신이 또 다른 람페두사인 레스보스섬에서 본 온갖 고통에 관해서 말

쏙하셨다.

    람페두사에서 「화염의 바다」가 처음으로 상영된 것은 베를린 영화제 두 달 뒤인 4월 16일이었다. 상영은 아주 멋지게 이루어졌다. 게다가 우리 섬에는 영화관이 없는 터라 그것은 단순한 상영이 아니라 하나의 문화행사이기도 했다. 잔프랑코 로시와 나는 상영을 앞두고 무척 긴장해 있었다. 섬사람들이 영화를 거북하게 받아들이지 않을까 걱정이 되었다. 상영이 끝나고 약간의 비평은 있었지만, 다행히도 반응은 나쁘지 않았다. 메시지가 우리 섬에도 제대로 전달된 듯했다.

    그날은 나에게 아주 특별했다. 그런데 얼마 지나지 않아 더 아름다운 순간이 왔다. 공영방송 RAI가 우리 섬에 무언가를 선물하고 싶어했다. 꼭 난민 문제와 관련되지 않아도 괜찮다고 했다. 그래서 나는 장애 어린이 센터를 위한 악기들을 달라고 했다. 센터의 아이들은 놀이 시간에 종종 플라스틱 건반악기를 두드리며 놀았다. 하지만 그건 악기가 아니라 장난감일 뿐이었다. 어른들이 선물 상자에서 진짜 피아노와 기타와 선홍색 아코디언을 꺼내 주자, 아이들은 연주를 하기 시작했다. 마치 음악을 연주하기 위해 태어난 사람들 같았다. 아이들은 더없이 행복해 보였다. 센터의 홀에 섬사람들이 가득 모여 축하를 벌였다. 로살바, 첼레스티나, 프랑코, 살바토레의 눈에서 기쁨이 넘쳐나는 것을 보니 큰 감동이 일었다. 다만 내가 관심을 많이 기울였던 소년 클라우디오가 보이지 않아서 아쉬웠다. 그런데 축하 잔치가 끝날 무렵, 이제는 클라우디오를 볼 수 없겠구나 하는 생각이 들었을 때, 아이가 도착했다. 아이는 몸을 떨면서 나를 안아주더니, 아코디언을 메고 연주하기 시작했다. 처음엔 건반을 누르는 게 서툴러 보였지만, 그런 상황은 오래가지 않았다. 이내 음악이 마법처럼 홀 안을 가득 채웠다. 그건 경이로운 공연이었다. 모두가 연주하고 노래하고 춤을 추었다.

　공연이 끝나고 집으로 돌아와서 생각해보니, 그날은 긴장과 감동을 느끼며 보냈던 지난 몇 달을 마감하는 가장 아름다운 날이었다. 그날은 나의 '레드 카펫', 참다운 삶이 흐르는 레드 카펫이었다.

가장 아름다운 선물

바르톨로 선생님께

파비오 파치오가 진행하는 토크쇼에서 선생님께서 하신 말씀이 가슴을 강하게 찔러왔습니다. 저는 2차 세계대전을 겪었습니다. 저희 마을에서는 반파쇼 저항 운동이 아주 활발했습니다. 제 남동생과 저는 강요에 따라 열여덟 명의 젊은이들이 처형당하는 것을 목격하기도 했습니다. 제가 이 편지를 이토록 늦게 보내는 것은 확신을 못 하고 있다가 오늘에야 결심을 했기 때문입니다. 이 봉투에는 50유로가 담겨 있습니다. 이 돈을 선생님이 구하신 아이에게 비스킷을 사주는 데 쓰시면 좋겠습니다. 이탈리아의 아주 나이 많은 할머니가 아이에게 주는 선물입니다. 늙은이의 주책을 용서해주십시오. 선생님의 행복을 빌며 모든 일에 대해 감사를 드립니다. ― C. 올림

텔레비전에서 선생님의 눈빛을 보며 감동을 받았습니다. 그들이 겪은 모든 고통과 그들이 느낀 절망감을 생각했습니다. 선생님의 손을 잡고 선생님을 꼭 안아주면서 저의 애정을 표시하고 싶습니다. 지상에 선생님 같은 분들이 있기에 삶의 희망이 있습니다. 선생님과 친분을 맺고 싶습니다. 비록 멀리 떨어져 있지만, 마음으로는 언제나 선생님과 함께하고 있습니다. 포옹 인사를 보냅니다. — M. 올림

진심 어린 선생님 말씀을 주의 깊게 들었습니다. 선생님은 그 사람들이 우리를 닮았다고, 우리만큼 운수가 좋지는 않지만, 팔다리든 눈이든 심장이든 우리와 다를 게 없는 사람들이라고 말씀하셨습니다. 그리고 아이들에 관해서, 여자들과 남자들에 관해서, 그들이 겪었던 지독한 고통에 관해서도 말씀하셨고, 그들에게 고통을 가한 것이 하느님이 아니라 인간적이지 않은 사람들이라는 얘기도 하셨어요. 저는 선생님의 이타성에 깊은 인상을 받았습니다. 그토록 많은 이해심과 연대 의식과 감수성을 대하니 저 자신이 갑자기 쓸모없다고 느껴집니다. 서로 멀어져가는 인류에게 선생님께서 매일 바치는 그 사심 없는 사랑 앞에서 저는 자랑스러움을 느끼고 깊은 감사의 마음을 갖게 됩니다. — A. 올림

이 편지들은 2013년 10월 3일, 그러니까 금세기 크나큰 비극의 참상이 있는 그대로 드러난 그날 이후로 받은 편지들 중에서 고른 것들이다.

이런 편지를 보내온 사람들은 대개 과거의 비극들을 기억하고 그 교훈을 되새기고자 하는 노인들이다. 그런데 때로는 뜻밖의 편지가 와서 우리에게 큰 기쁨을 주기도 한다. 피사의 한 초등학교 교장 선생님이 보낸 편지가 바로 그런 예이다. 그 초등학교 어린이들은 '찬양된 적이 없는 영웅'이라는 전국 경연에 참가하여 1등상을 받았다. 이 경연은 '특별한 사람들', 즉 역사책에 나온 적이 없지만 삶 자체가 우리 모두의 본보기가 되는 사람들을 기리기 위한 행사였다. 그 어린이들은 5천 유로의 상금을 받았다. 어린이들은 람페두사에서 무수한 아이들이 구조되고 수용된다는 이야기를 들었던 터라, 자기들만큼 행운을 누리지 못하는 그 아이들에게 그 돈으로 선물을 사주기로 결정했다. 그에 따라 플러시 천으로 만든 장난감 동물이며 블록 세트 같은 온갖 종류의 장난감들이 여러 개의 상자에 담겨 우리 섬에 왔다. 그 초등학교 어린이들이 경연에서 '영웅'으로 기렸던 저항운동가 아토스 마찬티 옹도 이 아름다운 행사에 동참하기로 하고 자기가 받은 상금을 내놓았다.

그 선물들의 대부분은 수용 센터에 보내질 예정이었고, 나머지는 보건소 놀이방에 가져다놓을 참이었다. 그런데 나를 더욱 감동시킨 것은 그 어린이들이 장난감을 사는 것에 그치지 않고, 하나하나 포장을 했다는 사실이었다. 어린이들은 각각의 상자에 이탈리아어와 영어로 짤막한 글을 적어놓기도 했다. 그중에는 이런 글도 있었다. "사랑하는 친구들에게, 너희는 너희 나라를 떠나 유럽에 왔어. 다른 삶, 더 나은 삶을 살기 위해 온 거야. 우리가 세상을 바꿔보자. 이타심을 가지고 한순간의 망설임도 없이 헌신할 줄 아는 어른들을 본보기로 삼자." 그 선물들 중에는 나를 위한 것도 하나 있었다. 감동적인 선물이었다. 나는 그것을 소중하게 간직하고 있다.

선물들이 오고 며칠이 지나서, 수백 명의 이주민들이 우리 섬에 상륙했다. 그들 중에는 아이들도 50여 명 있었다. 나는 자동차에 장난감들을 싣고 수용 센터로 갔다. 하지만 아이들은 이제 거기에 없었다. 곧바로 아이들을 비행기에 태워 뭍으로 떠나보낸 것이었다. 그건 더 좋은 결정이었다. 적어도 그 아이들은 이제 자기네 여행을 계속할 수 있게 되었으니까 말이다.

내가 센터를 나서려는데, 한 직원이 나를 불렀다.

"선생님, 선생님, 아이들 두 명이 남아 있어요. 그 애들을 보시겠어요?"

나는 몸을 돌려 안으로 들어갔다. 사내아이 하나와 여자아이 하나가 남아 있었다. 아주 예쁘게 생긴 아이들이었다. 나는 그대로 남아 아이들과 몇 시간 동안 놀았다.

반면에 화창한 일요일이었던 2016년 5월 8일에는 수용 센터에 아이들도 많고 어머니들도 많았다. 나는 동료들의 도움을 얻어 여러 대의 자동차를 동원해 트렁크에 장난감들을 싣고 수용 센터로 갔다. 나에게 상냥한 편지를 보냈던 할머니의 50유로를 가지고 커다란 케이크도 마련했다. 그렇게 크나큰 환희의 순간이 찾아왔다. 그날은 5월 둘째 일요일이라 어머니날이기도 했다. 어머니날이 그토록 뜻깊게 느껴진 것은 그때가 처음이었다.

내가 보건소에 보관하고 있는 장난감들은 놀이방에 오는 아이들에게 준다. 우리는 다 같이 상자를 열고 놀이방에 가져간다. 그렇게 장난감을 받은 아이들은 엄마가 진료를 받는 동안 차분하게 논다. 그런 다음 보건소를 나갈 때가 되면, 아이들은 그 다채롭고 호의적인 장소를 떠나려고 하지 않는다. 그래서 아이들을 설득하느라 무엇이든 원하는 것을 가져가게 한다. 가장 멋진 일은 아이들이 그저 한두 개의 장난감만 가져간다는 것이다. 더 많이 가져가지는 않는다. 마치 자기들이 간 뒤에 다른 아이들이 오는 그 장소를 존중하고 싶어하는 듯이.

거인들의 팔

자코모는 우리 집의 막내다. 리카가 처음으로 임신했을 때, 나는 즉시 아버지에게 그 소식을 알렸다. 아버지는 크게 기뻐하셨다. 우리 부모는 딸 다섯에 아들 둘을 두셨다. 내 남동생 밈모가 질병 때문에 아이를 둘 수 없었기 때문에, 나는 아버지의 성을 전할 수 있는 유일한 자식이었다. 아버지는 곧바로 물으셨다.

"초음파검사 했니?"

아버지는 검사 결과가 아들이기를 바라셨다. 딸이라는 소식을 전하자, 조금 실망하기는 하셨지만 아주 행복해하시는 점에서는 차이가 없었다.

우리가 둘째 아이를 가졌다는 소식을 들으시자, 아버지는 다시 희망을 가지셨다. 그런데 이번에도 딸이었다. 아버지는 다시 실망하셨다. 리타는 이미 두 차례 제왕절개수술을 한 마당이었다. 세 번째 임신에는 위험이 따를 수도 있었다.

하지만 몇 해가 지나자, 아내는 또 다시 임신을 했다. 이번엔 모두가 아들이 태어나기를 바랐다.

어느 여름날 아침, 리타가 임신 10주차에 들어섰을 무렵인데, 나는 피로와 스트레스를 풀 생각으로 바다낚시를 가기로 했다. 바다낚시는 내 긴장을 풀어주는 드문 일들 가운데 하나다. 배를 타고 바다에 나가 침묵 속에서 낚시를 하는 것, 그건 마음을 비우고 어느 정도의 평정을 되찾기 위한 아주 좋은 방법이다. 오늘날에도 걱정근심으로 밤잠을 설치는 경우가 많을 때면, 바다낚시가 피로와 우울한 기분을 풀어주는 특효약이다.

나는 우리 섬에서 40마일쯤 떨어진 해역으로 나가서 낚싯줄을 던졌다. 물고기들이 계속 미끼를 물어댔다. 정말이지 즐거운 낚시였다. 얼마쯤 지났을 때, 20마일쯤 떨어진 곳을 항해하던 어선이 나에게 연락을 보내왔다. 그들이 선박 무선전화로 알려온 바에 따르면, 나의 삼촌 이냐치오가 자기 배를 타고 나를 찾고 있다고 했다. 리타가 몸이 좋지 않으니 내가 빨리 집으로 돌아가야 한다는 것이 삼촌의 전언이었다.

나는 급히 뱃머리를 돌리고 엔진의 출력을 최고로 높였다. 두 시간. 돌아오는 데에 그만큼의 시간이 걸렸다. 끔찍한 두 시간이었다. 아내에게 내가 필요한데, 내가 아내 곁에 없었다.

내 머릿속엔 오직 그 생각뿐이었다. 아기가 잘못될까봐 겁이 나기도 했지만, 무엇보다 아내에게 무슨 일이 생길까봐 두려웠다. 만약 리타를 잃는다면 모든 게 끝일 터였다. 리타는 나의 반이고 나의 알터 에고이다. 그녀가 없다면 난 살지 못할 것이다.

항구에 다다르자, 나는 계주에 배를 매어두는 것도 잊은 채로 배에 모든 것을 그대로 두고 집으로 달려갔다. 집에 다다라 보니, 리타는 침대에 누워 있었다. 피를 흘린 것으로 보아 유산임을 알 수 있었다. 그건 엄청난 충격이었다. 딸아이 하나가 달이 차기 전에 죽은 것이었다. 우리는 곧바로 팔레르모의 병원으로 갔다. 의사들이 아내를 수술실로 데려가는 동안, 나는 아내가 아무 탈 없이 다시 살아가게 되기를 빌었다. 아내가 무사히 회복되는 것은 무엇보다 중요한 일이었다.

그 일을 겪고 나서 우리는 결심했다. 다시는 아기를 갖지 않으리라고. 이미 아주 예쁜 두 딸이 있으니, 위험을 무릅쓰면 안 된다는 것이었다.

다시 세월이 흘렀다. 어느 날, 리타가 또 다시 임신을 했다고 알려주었다. 아기가 생긴다는 건 하느님의 은총이다. 그건 우리 두 사람에게 큰 행복이었다. 다만 아내와 뱃속의 아기가 위험한 상태에 놓이지 않을까 하는 것이 나의 유일한 걱정이었다. 아이와 관련해서 온갖 일을 겪고 난 뒤라서, 아들이냐 딸이냐 하는 문제는 전혀 중요하지 않았다.

그런데 정작 뱃속의 아기가 아들이라는 사실을 알았을 때는, 우리 두 사람 모두 기뻐서 펄쩍거렸다. 그라치아와 로산나도 드디어 자기네 남동생이 태어나리라면서 기뻐했다. 나는 초음파검사실을 달려 나가서 아버지에게 그 좋은 소식을 전하고 싶었다. 아버지가 오래 전부터 꿈꾸던 손자, 자코모 바르톨로가 곧 태어날 거라고 말하고 싶었다. 하지만 아버지는 그 소식을 전해 들을 수 없었다. 얼마 전에 세상을 떠나셨기 때문이다.

분만은 아주 어려웠다. 이번에도 제왕절개수술로 분만이 이루어졌다. 그 몇십 분이 나에게는 영겁처럼 길게 느껴졌다. 우리 아기 자코모는 숨을 쉬지 않고 울지도 않았다. 그래서 우리는 아기를 문지르고 토닥였다. 그러자 생체 기능이 비로소 활발해졌다. 하지만 리타와 나는 한동안 불안감을 떨치지 못했다. 우리 아기가 겪은 신생아 질식은 돌이킬 수 없는 뇌손상을 일으킬 수 있기 때문이었다. 우리는 계속 아기를 살펴보았다. 첫돌이 지날 무렵에는 아기를 한 신경과 의사에게 데려갔다. 천만다행으로 자코모는 아무 문제가 없었다. 오히려 재기발랄하고 지능이 뛰어난 소년으로 성장해나갔다.

내 아들은 아주 어렸을 적에 나에게 병적으로 집착했다. 아이는 나를 항상 따라다녔다. 나는 일을 하러 가기 위해 몰래 집을 나서야만 했다. 아이는 내가 나간 것을 알아차리면 몇 시간을 울면서 지냈다. 조금 더 자라서 우리 섬의 초등학교에 다닐 때에는 아이가 어찌나 노트 필기를 잘했던지, 선생님들이 아이의 노트를 반의 본보기로 삼을 정도였다. 여덟 살에 아이는 훌륭한 시 한 수를 지었다. 나는 여전히 그 시를 지니고 다닌다. 시를 적은 종이가 계속 지갑에 들어 있었던 탓에 이제 고김살이 많이 생겼지만, 나는 그것을 소중하게 간직한다.

그것은 안과의사 요정이 쓴 듯한 동시이다.

초롱초롱 빛나는 페르시아 고양이의 눈,
날카롭게 쏘아보는 산진매의 눈길,
땅바닥을 뜯어보는 스라소니의 눈,
공중을 나는 독수리의 불꽃 담은 눈,
파란 눈과 초록 눈,
행복이 담뿍한 눈과 조금 모로 뜬 눈,
방학을 눈앞에 둔 학생들의 만족한 눈,
세상의 눈들은 모두 아름답다
시각은 경이로운 축복이므로.

자코모도 자기 누나들처럼 열세 살에는 팔레르모로 떠나야 했다. 우리는 아주 유명한 가톨릭계 사립학교를 선택했다. 처음에는 입학 신청이 받아들여지지 않았다. 이미 람페두사에서 온 몇몇 학생들 때문에 좋지 않은 일을 겪었다는 것이었다. 마음 같아서는 이 학교 책임자들을 악마에게 보내고 싶었다. 하지만 우리에겐 선택의 여지가 별로 없었다. 그래서 나는 자존심을 버리고 우리 아들은 나쁜 행동을 하지 않을 테니 받아들여달라고 교장을 설득했다. 만약 아들의 행실이 바르지 않으면, 학교에서 자퇴를 시키겠다는 약속도 했다. 다행히도 교사진은 이내 자코모에게 호감을 갖게 되었다. 한번은 자코모의 선생님들이 리타를 오게 하여 이렇게 말하기도 했다.

"어머님, 자코모는 공부를 너무 많이 해요. 자코모에게 스트레스를 주시는 게 아닌가 싶어요. 너무 심하게 압력을 주시는 거 아니에요?"

아내는 대답했다. 그건 우리와 아무 상관이 없는 문제라고. 그저 우리 아들의 성격과 관련된 것이라고.

나는 처음으로 아들을 학교 기숙사에 남겨두고 떠났던 날을 영원히 잊지 못할 것이다. 그날을 생각하면 곧바로 다른 날이 떠오른다. 아버지가 나를 트라파니의 그 노파 집에 홀로 남겨두고 떠나셨던 날 말이다. 중학교 기숙사의 공동 침실은 썰

렁하고 칙칙했다. 나는 기분이 좋지 않았지만, 아들에게 그런 내색을 할 수 없었다. 자코모는 한마디 이의도 제기하지 않고 가만히 있었다. 그러다가 나에게 작별 인사를 했다.

우리는 매일 전화 통화를 했다. 나는 그때마다 매우 슬펐다. 한 달이 지나자, 자코모가 용기를 내어 말했다.

"아빠, 저는 여기에 더 있고 싶지 않아요. 로산나의 집으로 가고 싶어요."

당시에 우리 딸 로산나는 팔레르모 대학에서 공부하고 있었다. 딸아이는 동생의 제안을 주저 없이 받아들였다. 그 뒤로 5년 동안, 딸아이는 남동생의 어머니 노릇을 했다. 똑같은 일이 대를 이어 이루어진 셈이다. 내 누나 엔차가 시라쿠사에서 나를 위해 해준 것을 내 딸 로산나가 자기 남동생을 위해 해주었다. 로산나는 경우를 가리지 않고 온전히 그를 보살폈다. 부모를 대신해서 남동생의 선생님들을 만나기도 했다. 그런 보살핌을 받으면서 자코모는 학업과 독서와 예술에 대한 열정을 키웠다.

고교 시절이 끝날 무렵에는 어느 대학에 진학할 것인가 하는 문제가 제기되었다. 리타와 나는 언제나 우리 자식들이 스스로 자기네 길을 찾아내야 한다고 생각했고, 그들의 선택에 영향을 미치지 않으려고 애썼다. 그렇게 해서 그라치아는 건

171

축가가 되었고, 로산나는 변호사가 되었다. 그런데 사실을 말하자면, 자코모 한 사람만이라도 우리와 같은 직업을 선택하면 좋겠다는 생각을 은근히 품고 있었던 모양이다. 자코모는 나의 바람을 알아차렸는지, 전혀 강요를 하지 않았는데도 의과대학에 진학하는 것을 당연한 일로 여겼다. 굳이 그것을 말릴 필요는 없어 보였다. 자코모는 두 대학의 입학시험을 잘 치른 뒤에 로마에 가서 자리를 잡았다. 1학년과 2학년의 성적은 아주 우수했다.

그러던 어느 날, 그가 예고도 없이 람페두사에 내려왔다.

"아빠, 엄마, 말씀 드릴 것이 있어요."

나는 아들이 무슨 말을 하려는지 단박에 짐작했다.

"저는 두 분에게 기쁨을 드리려고 애를 썼어요. 그리고 의학 공부를 해보니까 무척 마음에 들기는 해요. 하지만 제가 진짜 좋아하는 것은 따로 있어요. 그게 무엇인지 오래 전부터 알고 계시리라 생각해요."

얼마 지나지 않아, 자코모는 의학 공부를 중단하고 밀라노의 문과 대학에 진학했다. 그건 그의 길이었다. 그가 그 길을 따라 어디로 가든, 가지 못하도록 말릴 수도 없었고 말려서도 안 되었다.

자코모는 바다낚시를 좋아하지 않는다. 여름이 다가오면, 나는 그를 설득해서 나와 함께 배를 타고 나가게 만들려고 애를 쓴다. 그럴 때마다 나는 옛날 일을 떠올리며 혼자 웃는다. 예전에 내가 방학을 맞아 람페두사에 돌아올 때면, 아버지와 함께 케네디호를 타고 고기잡이를 해야만 했다.

때로는 내 아들이 나와 함께 바다낚시 하는 것을 받아들인다. 둘이서 함께 보낸 그 시간들은 무척 소중하고 아름다웠다. 아이와 나만 함께하는 마법의 순간들이었다. 나는 아이가 말하는 것을 듣고 있으면 시간 가는 줄 몰랐다. 내 아들의 이야기를 듣다 보면, 가장 평범한 일조차 놀라운 서사시의 대사건으로 변하니까 말이다.

나와 자코모는 성격이 서로 다르다. 그가 종종 비판하는 바에 따르면, 나는 너무 충동적이며 별로 합리적이지 않고 내가 하는 일의 결과를 생각하지 않는다. 이따금 우리는 말다툼을 벌이기도 한다. 그럴 때에는 서로의 역할이 뒤집어진 것처럼 느껴진다. 그가 아버지가 되고 내가 아들이 되는 것이다. 자코모는 내가 바뀔 수 없다는 것을 잘 알고 있다. 그가 말하는 것처럼 나는 내가 일하는 방식을 바꿀 수 없을 것이다. 어떻게 중대한 문제를 앞에 두고 어정쩡한 태도를 취할 수 있단 말인가? 특히 사람의 목숨과 운명이 걸린 문제 앞에서 어떻게 외교적 수완을 벌이며 능장을 부릴 수 있단 말인가? 그래도 자코모는 쉽지 않은 일임에도 나의 그런 태도를 조금씩 받아들이고 있다. 나 자신이 그의 비판과 비난을 받아들이고 있는 것처럼. 사실 그가 나의 잘못이나 부족한 점을 꼬집어 말하면, 나는 멈추어 생각하게 되고, 갈수록 치열해지는 삶 속에서 쉴 틈을 얻게 된다.

먼바다로 나아가 낚싯줄을 던져놓고 참을성 있게 기다리는 것, 나 자신과 화해하기 위해서는 그보다 나은 방법이 없다. 하지만 그렇게 온전히 평온을 되찾고 있노라면, 문득 어떤 일에 관한 기억이 되살아난다. 피카소의 걸작 「게르니카」를 점점 더 닮아가는 그 무시무시한 퍼즐에서 조각 하나가 튀어나온다. 폭력성과 잔인성을 적나라하게 보여주는 조각이다.

어느 날 아침, 리베초라 불리는 남서풍이 람페두사를 강타하고 있었다. 마침 커다란 배 한 척이 섬에 접근하고 있었다. 하지만 항구로 들어오는 물목이 좁기 때문에 조금만 잘못하면 진입에 실패할 수도 있다. 진입을 시도하던 큰 배도 그런 운명을 맞았다. 토끼섬 쪽으로 뻗어 나간 칼라 갈레라 근처의 암초에 부딪혔다. 우리는 모두 그 해안 절벽 위로 달려갔다. 위에서 내려다보니, 파도가 엄청난 거인들의 팔처럼 배를 번쩍 들었다가 암초에 내동댕이친 것 같은 장면이 펼쳐져 있었다. 배의 널빤지들이 사방으로 날아간 뒤였다. 한 시간 사이에 배는 완전히 박살이 나 있었다.

승객은 한 사람도 보이지 않았다. 사람들이 타고 있었다 해도 우리는 그들을 구조하러 갈 수 없었을 것이다. 모터보트가 다가갈 수 없는 상황이었다. 그야말로 유령선을 보는 기분이었다. 그 상황도 오래가지 않았다. 올 때도 그러더니, 사라지는 것도 갑작스러웠다. 조각조각 부서진 채로 폭풍이 휘몰아치는 바닷속에 잠겨버린 것이었다.

며칠이 지났다. 날씨는 여전히 험악했다. 우리는 혹시 생존자들이 해안까지 헤엄쳐 오지 않았을까 싶어서 섬을 한 바퀴 둘러보았다. 성과가 없었다. 아무도 물기슭에 닿지 않았다.

한 주일이 거의 다 지나자, 이윽고 바다가 잔잔해졌다. 구조대원들은 모터보트에 경찰의 잠수 요원들을 태우고 난파 현장의 탐색에 나섰다. 그들은 난파선의 잔해들이 가라앉은 자리를 꼼꼼하게 조사했다. 그 작업이 계속되었지만 성과는 나오지 않았다. 그래도 잠수 요원들은 용기를 잃지 않았다. 조사 수역을 넓히던 끝에 드디어 시신들을 발견했다. 그들은 시신들을 차례로 부두에 내려놓았다.

우리는 사체검안을 시작했다. 시신들의 상태는 참혹했다.

물고기에게 뜯기고 기생충에 감염되고 불가사리까지 들러붙은 시신들이었다. 바닷속에서 긴 나날을 보낸 그 불행한 시신들은 그저 분해된 살덩어리일 뿐이었다. 항만관리사무소의 두 군인이 나를 도우러 왔다. 하지만 그들은 다른 시신들을 익히 보아왔음에도 그런 참혹한 모습을 참아내지 못했다.

시신이 너무 심하게 손상된 터라 차마 볼 수가 없었다. 지독한 썩은 내가 콧속으로 들어와 뇌 속으로 파고들었다. 머리가 어질어질해질 정도였다. 그 냄새가 어찌나 역겨웠던지, 오래 지나서도 그것이 느껴졌다.

나는 다섯 구의 시신을 검안했다. 시신에서 기생충들을 없애고 대충이나마 시신의 품격을 되찾아주려고 애를 썼다. 그러고 나서 집으로 돌아갔는데, 그 장면이 계속 눈앞에서 맴돌았다. 속이 메스꺼워 자꾸 구토가 나려고 했다. 악취가 머릿속에서 가시지 않았다. 정말 잔인한 냄새였다.

조금 뒤에 나는 부두의 내 일터로 돌아갔다. 잠수 요원들이 여기저기에서 시신을 찾아오고 있었다. 나는 혼자서 그런 식으로 일을 계속할 수가 없어서, 수용 센터의 젊은 직원인 체사레에게 도움을 청했다. 그는 주저 없이 받아들였다. 그러더니 일곱 번째 사체검안이 끝나자 일을 그만두고 싶어했다. 체사레 역시 충격을 견디지 못한 것이었다.

"선생님, 송구스러운 말씀이지만 다시는 저를 부르지 마세요. 저는 밤에 잠을 못 이룰 것 같아요. 기분이 안 좋고 구역질이 나고……."

그는 무척 미안해하는 기색을 보였다.

나는 그를 보내기 전에, 내가 시신을 넣어둔 관들의 뚜껑을 덮을 테니 도와달라고 부탁했다. 그것도 내 몫의 일이었는데, 혼자서 하기가 쉽지 않았기 때문이다. 그건 나름대로 의미가 깊은 일이었다. 우리의 형제 같을 수도 있고 자식 같을 수도 있는 사람들에 대한 존경의 표시이기 때문이다. 그들은 저마다 무덤다운 무덤에 묻힐 자격이 있다.

잠수 요원들이 온갖 어려움을 무릅쓰고 희생자들을 찾아내려고 노력하는 것 또한 그 사람들을 지극히 존중한다는 표시이다. 사람답게 살아보겠다는 일념으로 마지막 숨을 내쉬던 순간까지 고투를 벌였던 사람들의 존엄성을 지켜주는 일인 것이다.

우리는 그렇게 며칠 동안 일하고 또 일했다. 일을 끝내기 전날, 나는 체사레가 다가오는 것을 보았다.

"선생님, 제가 다시 생각해봤어요. 선생님께 죄송하다는 생각이 들었어요. 선생님은 혼자서 이 모든 일을 맡아서 하고 계세요. 이건 온당치 않아요. 저는 선생님을 돕고 싶어요. 지난 번처럼 굴지 않을 테니 걱정하지 마세요. 이제 용기를 얻었거든요."

체사레는 커다란 가위를 가지고 왔다. 그 불행한 희생자들의 옷은 나무처럼 딱딱해져 있었다. 그런 사체를 검안하자면 가위를 써서 옷을 벗겨내야만 했다. 검안이 끝나면 시신들을 씻긴 다음 되도록 정성을 다해서 관에 담았다.

나는 심각해진 분위기를 조금 바꿔볼 양으로 말했다.

"체사레, 드디어 자네가 뱃심 좋은 청년이 되었구먼."

체사레는 대답 대신 웃음을 지어 보이려고 애썼다. 미소라기보다는 찡그림에 더 가까운 표정이었다. 큰 시련을 겪고 있는 게 분명했다. 처음으로 그런 일을 겪고 있는 것이었다.

이튿날, 우리는 사체검안을 끝냈다. 열아홉 명의 젊은이가 목숨을 잃었다.

'훌륭한' 사람들

겨울이면 람페두사에는 몹시 강한 북서풍이 종종 불어온다. 바람이 어찌나 센지, 물결이 갯바위에 부딪히면 물보라가 높이 일어 마을에 는개처럼 흩날린다.

여러 해 전 어느 날 오후, 상선 한 척이 우리 섬 북쪽의 암초에 얹혔다. 선원들은 신호탄을 쏘아 조난 사실을 알렸다. 하지만 모터보트들은 항구를 떠날 수가 없었다. 풍랑이 너무 심해서 좌초된 배에 다가갈 수 없었다. 배에 탄 선원들은 절망에 사로잡힌 채 폭풍에 모든 운명을 맡기고 있었다.

그때 구조를 시도하기로 결정한 어른들이 있었다. 바로 우리 아버지와 그분의 동료들이었다. 우리 어선 케네디호는 튼튼했고, 그들은 구조를 해낼 수 있으리라 확신했다. 우리는 기적을 시도하는 그 배를 보기 위해 모두 바닷가로 달려갔다. 구경치고는 정말 무시무시한 구경이었다. 어머니는 겁에 질린 채 내 손을 꼭 잡고 있었다.

케네디호는 상선이 좌초해 있던 곳에 다다랐지만, 자칫하면 자기 역시 좌초할 수 있으므로 너무 바싹 다가가지는 않았다. 아버지 일행은 캡스턴의 강삭에 달린 닻을 던졌다. 그런 다음, 아주 천천히 상선에 다가갔다. 드디어 두 배의 거리가 가까워지자, 그들은 선원들이 어선에 오르도록 도와주었다. 배 두 척이 서로 몇 미터밖에 떨어져 있지 않았지만, 그 선원들을 안전하게 옮겨 태우자면 엄청난 힘을 써야만 했다. 고함 소리가 울리고, 불가능에 가까운 아슬아슬한 작전이 펼쳐졌다. 우리는 위쪽에서 매우 불안한 마음으로 그 광경을 바라보았다. 온 섬이 숨을 죽인 채 지켜보고 있었다. 극적인 순간이었다. 두 배가 서로 부딪칠 것만 같던 때가 한두 번이 아니었다. 만약 그런 일이 벌어진다면 아무도 살아남지 못할 수도 있었다.

위험천만한 작전이었다. 하지만 아버지와 다른 어부들은 단 한 순간도 뒤로 물러설 생각을 하지 않았다.

드디어 항구로 돌아왔을 때, 그들은 영웅으로 환영을 받았다. 모두가 지칠 대로 지쳐 있었음에도, 그날 저녁에 모두가 우리 집에 모여 큰 잔치를 벌였다. 상선의 기적적인 생환자들은 죽음을 무릅쓰고 자기들을 구조해준 그 용감한 사람들에게 계속 감사를 표시했다.

2011년 5월 7일에서 8일로 넘어가던 밤, 여느 때처럼 전화 벨이 울렸다. 이번엔 재무경찰의 전화였다.

"박사님, 지금 짐배 한 척을 항구로 호위하는 중입니다. 사람들이 타고 있는 짐배입니다."

나는 그런 전화를 받으면 늘 그랬듯이, 함께 일하는 사람들을 데리고 파발로로 방파제로 나갔다. 당시에는 아직 유럽 국경·해안 경비 기구 같은 것이 존재하지 않았기 때문에, 그런 배들과 승객들을 도우러 가자면 상당한 거리를 항해하지 않을 수 없었다. 람페두사의 경우에는, 항만관리사무소의 모터보트들과 재무경찰이나 카라비니에리나 국가경찰이나 소방대의 모터보트들이 항구와 '바다의 짐마차'라 불리던 그 배들 사이를 계속 오고가야 했다.

젊은 사람들과 경험이 많은 사람들이 어우러진 그 구조대는 매일같이 경이로운 일을 이루어낸다. 때때로 우리는 제복을 입은 그 사람들의 삶이 멋있다고 생각하기도 한다. 실제로 그들은 대개 멋있게 살아간다. 하지만 제복 차림의 그들에게 희생이 요구된다는 사실을 우리는 잘 깨닫지 못한다. 그들은 언제나 가족과 멀리 떨어져 있고, 바다가 잔잔할 때든 폭풍이 몰아칠 때든 언제나 출항할 준비를 하고 있다. 그들은 목숨을 잃을지도 모르는 위험한 상황에서도 남을 구조할 준비, 남을 도와줄 준비가 되어 있는 사람들이다. 나는 그들이 팔을 움직일 수 없을 만큼 녹초가 되어 부두에 도착하는 것을 자주 보았다. 너무 늦기 전에, 남자들과 여자들과 아이들이 생명을 잃은 육신으로 변하기 전에 붙잡아주어야 하기 때문에, 구조대원들은 팔에 힘이 다 빠질 만큼 지치게 마련이었다. 구조선은 조난 현장으로 빠르게 달려가지만, 안타깝게도 최후의 순간에 다다르는 경우가 허다하다. 그럴 때면 구조대원들은 배가 전복되는 광경과 수십 명의 난민들이 바다에 떨어지는 모습을 맥없이 지켜본다. 때로는 고무보트들이 갑자기 공기가 빠지면서 탑승객들과 함께 물에 잠기기도 한다. 그런 일들은 마치 느린 동작 화면을 보는 것처럼 펼쳐진다. 그런 상황에서는 빠르게 대처하는 수밖에 없다. 풍랑이 거세더라도 서둘러 움직이지 않으면, 모든 노력이 허사로 돌아간다.

그날 밤에는 모터보트 두 척이 출항했다. 날씨는 아주 고약했다. 모터보트들은 난민들을 가득 태운 짐배가 있는 곳으로 나아갔다. 구조대원 두 명이 그 배에 올라탔다. 배를 통제하고 항구로 이끌기 위해서였다. 배에 탑승한 사람들은 540명, 엄청나게 많은 인원이었다. 모터보트 한 척은 배 앞에서 달리고, 다른 한 척은 배를 뒤따랐다. 풍랑은 여전히 심했다.

조금 뒤에 두 척의 모터보트가 항구로 다가오는 것이 보였다. 그런데 난민들을 실은 짐배는 보이지 않았다. 알고 보니 그 배의 키가 부러져서 배가 암초에 걸린 것이었다. 그 암초는 해안에서 아주 가까운 곳, 람페두사 섬사람들이 환영의 뜻을 담아 세워놓은 조형물 '유럽의 문' 근처에 있었다.

모두가 즉시 그리로 달려갔다. 우리 의료진은 구급차를 타고 갔고, 구조대원들, 자원봉사자들, 기자들이 동행했다. 특히 무슨 일이 벌어졌는지 알게 된 섬사람들이 동참했다. 아, 많고 많은 람페두사 사람들! 벌써 한밤중이었다. 파도는 아주 거칠게 출렁이며 바위에 부딪쳐 부서지고 있었다. 짐배는 오도가도 못하는 신세가 되어 세차게 흔들리기 시작했다. 그 바람에 구조 활동에 어려움이 더해졌다. 수영할 줄 아는 난민들은 몇 미터 떨어진 구조선에 오르기 위해 물속으로 몸을 던졌다. 우리는 너울의 위세에 겁을 먹은 그 사람들을 맞아들이기 위해 기다란 인간 사슬을 만들어냈다. 그날 힘을 보탰던 사람들 중에 밈모라는 공항 직원이 아직도 생각난다. 그는 사람들에게 도움이 필요하다는 것을 깨닫자 이것저것 따지지 않고 곧바로 바다에 뛰어들어 계속 파도에 휩쓸리는 그들을 붙잡아주었다. 바다는 우리에게 쉴 틈을 주지 않았고, 모든 것을 어렵고 복잡하고 거의 불가능하게 만들기 일쑤였다.

그 여자들이며 아이들의 모습이 다시 생각난다. 그들 중에는 태어난 지 넉 달밖에 되지 않은 세베린이라는 나이지리아 출신 아기도 있었다. 우리는 아기 어머니가 너무 어려운 상황에 놓여 있었기 때문에 그녀의 품에서 아기를 떼어내어 기자인 엘비라에게 맡겼다. 엘비라는 취재 수첩과 펜을 내려놓고 인간 사슬에 동참한 터였다. 그 뒤에 엘비라는 밤을 지새며 아기 어머니를 찾아 돌아다녔다. 마침내 새벽이 되어서야 아기 어머니를 찾아내어 세베린을 돌려주었다. 그것은 감동적이고 오래오래 기억될 만한 만남이었다. 두 여자가 모습은 서로 다르지만 위대한 공감의 순간에 하나가 되어 눈물을 흘리며 만나고 있었으니 말이다. 그런 행위가 빛을 발하여 엘비라는 얼마 뒤에 이탈리아 공화국 훈장을 받았다. 그건 아주 반가운 소식이었다. 우리 메시지를 계속 전달하기 위해서는 우리에게도 그런 상징이 필요했기 때문이다. 우리는 사람들의 마음에 다가가야 했고, 우리가 구조하는 이들이 훌륭한 사람들이라는 사실을 모두에게 알려주어야 했다. 우리 람페두사섬에서처럼 그들은 우리가 자기네를 구조하고 도와주기 위해 무엇이든 할 준비가 되어 있다는 것을 보고 깊은 감명을 받는다. 하지만 우리가 그들을 배척하거나 그들에게 입국을 달가워하지 않는다는 느낌을 주면, 그들은 많은 고통과 실망을 느낄 수밖에 없다.

세 시간. 우리는 그만큼의 시간을 들여서 난민 540명을 안전한 곳으로 옮겨주었다. 그들은 녹초가 되어 있었다. 우리도 모두 지칠 대로 지쳐 있었다. 기진맥진한 상태이지만 만족스러웠다. 우리는 그들을 구조했다. 그들을 모두 구조했다. 적어도 우리는 그렇게 믿고 있었다.

그렇듯 쉴 새 없이 일하며 밤을 보낸 뒤에 나는 집으로 돌아갔다. 리타는 뜨거운 커피를 끓여주고 내 머리를 어루만졌다. 그런데 몇 시간도 지나지 않아 다시 전화벨이 울리기 시작했다.

"박사님, '유럽의 문' 쪽으로 오셔야겠어요."

왜 오라는 거지? 내가 현장을 떠나올 때 당국에서 사건의 경위를 밝히려고 막 조사를 벌이더니, 뭔가 특별한 것을 알아냈나? 나는 다시 옷을 챙겨 입고 현장으로 나갔다.

날씨는 조금 좋아졌지만, 배는 여전히 물결에 흔들리고 있었다. 잠수부들이 현장에 나와 있었다. 땅바닥에 놓인 세 구의 시신이 보였다. 잠수부들이 위험을 무릅쓰고 배의 용골 아래에서 찾아낸 시신들이라고 했다. 세 명의 사내아이들. 우리는 시신들을 공동묘지의 안치실로 옮겼다. 나는 여느 때처럼 부검을 해야 했다. 셋 중 한 소년은 뼈가 모두 부러졌다. 머리부터 발끝까지.

나는 진이 다 빠진 채로 묘지를 나섰다. 마치 탱크 한 대가 내 위로 지나간 느낌이 들었다.

　그날 람페두사의 술집들에서는 너나 할 것 없이 그 사건을 입에 올렸다. 간밤에 우리 모두가 구조 활동에 나섰다는 자부심도 있었지만, 슬픔과 낭패감도 섬 전체에 서려 있었다. 그리고 우리가 아직 모르는 게 있었다. 장차 더 나쁜 일이 벌어지리라는 것을 그때는 아직 몰랐다.

문제는 인간이지
하느님이 아니다

나는 신앙인이고, 내 하느님이 다른 사람들이 믿는 신과 다르지 않다고 생각한다. 내가 길을 잃었다고 느낄 때, 또는 내 기력이 떨어졌을 때, 나는 마돈나 디 포르토 살보에게 기도를[13] 올린다. 이 마리아는 람페두사의 수호성인이다. 나는 그때마다 모든 어머니들의 어머니이신 마리아에게 어머니의 자식들을 구할 수 있도록, 바다를 건너 다가오는 그 모든 자녀들을 구할 수 있도록 힘을 달라고 부탁한다. 무엇보다 그들이 살아

---

13 '안전한 항구의 성모 마리아'라는 뜻. 우리나라 가톨릭 신자들이 성모 마리아나 복되신 동정 마리아라 부르는 예수의 어머니를 이탈리아에서는 보통 '나의 귀부인' 이라는 뜻으로 마돈나라 부르고, 프랑스에서는 '우리의 귀부인'이라는 뜻으로 노트르담이라고 한다. 또한 가톨릭 교의에 따라, 하느님인 예수의 어머니(테오토코스), 평생 동정이신 마리아, 원죄 없이 잉태되신 마리아, 천상의 모후 등으로 부르기도 한다. 그런가 하면 바로 이 '안전한 항구의 성모 마리아'처럼, 성모 발현 지역의 이름을 덧붙이거나 특별한 공경의 의미를 담은 호칭도 많이 사용된다. 루르드의 성모, 파티마의 성모, 로레토의 성모, 그리스도 신자들의 도움이신 마리아, 은총이 가득하신 마리아 등등이 그런 예이다. '안전한 항구의 성모 마리아'는 뱃사람들의 수호성인으로 이탈리아 남부의 여러 곳에서 공경을 받는다.

있는 채로 도달하게 해달라고, 시신들을 다시는 보지 않게 해달라고, 생명이 사라진 아이들을 내 품에 안아야 하는 일이 다시는 생기지 않게 해달라고 기도한다.

2013년의 비극이 일어나기 조금 전의 일이다. 람페두사 섬 사람들에게 아주 슬픈 소식이 전해졌다. 우리 신부님 스테파노 나스타시가, 프란치스코 교황이 우리 섬을 방문하시도록 설득했던 그 신부님이 아그리젠토 근처 시아카로 전출되었다는 소식이 알려진 것이다. 우리 섬이 뜻하지 않은 어려운 국면을 겪고 있던 때에 신부님은 문제 해결에 결정적인 역할을 했다. 그분은 페이스북에 이런 글을 남겼다. "우리는 새로운 바다에서 새롭게 항해하는 것을 준비하고 있습니다. 중요한 것은 언제나 그랬듯이 훌륭한 승무 팀을 갖추는 것입니다."

우리 섬을 떠나고 나서 그분은 이렇게 말하기도 했다. "이주민들의 허약함, 그들의 문제, 그들의 고통은 우리의 엉성함과 허약함을 더 잘 이해할 수 있도록 도와줌으로써 우리를 풍요롭게 만들어주었습니다."

그 신부님의 뒤를 이어 밈모 참비토 신부님이 우리 섬에 오셨다. 우리가 처음 만났을 때, 하마터면 둘이서 주먹다짐을 할 뻔했다. 이게 무슨 소리냐 할 수도 있겠지만, 정말 그런 일이 벌어질 뻔했다. 오래 전부터 우리 본당은 카리타스 재단이 운영하는 '박애의 집'을 활용해왔었다. 보호자를 동반하지 않은 미성년 이주민을 수용하기 위해서였다. 그러는 동안 불행하게도 불미스런 사건들이 몇 차례 벌어졌다. 몇몇 젊은이가 모든 것을 때려 부술 것처럼 난동을 부려, 문들이 뽑히고 매트리스가 불타고 군인들이 짱돌에 맞는 일들이 벌어진 것이다.

어느 날 배 한 척이 섬에 상륙하여 스무 명의 젊은이들이 들어왔다. 모두 옴에 걸린 젊은이들이었다. 수용 센터에는 그들을 받아줄 만한 자리가 없었기 때문에, 우리는 그들을 '박애의 집'에 보내기로 했다. 카라비니에리 지휘관이 밈모 참비토 신부님에게 그 사실을 알려주자, 신부님은 호통을 쳤다.

"지금은 사람들을 받아줄 수가 없소. 적어도 건물을 정비할 시간은 줘야 하는 것 아니오?"

그러거나 말거나 나는 젊은이들을 욕실에 데려가서 옴이 오른 그들을 치료하기 시작했다. 신부님은 내 쪽으로 와서 욕을 퍼부었다. 듣고 있자니 화가 치밀었다. 나는 욕설로 응대하고 내 분노를 온통 신부님에게 쏟아 부었다. 그야말로 주먹다짐이 벌어지기 일보 직전이었다.

사실 우리는 너무 지쳐 있었다. 자칫 신경이 끊어질 지경이었다.

나는 치료 작업을 끝내고 신부님을 찾아가 용서를 빌었다. 신부님도 나에게 사과를 했다. 그 뒤로 우리는 좋은 친구가 되었다. 일요일에 드물게 미사에 참례할 수 있을 때면, 나는 조금 시간을 내어 신부님과 이야기를 나눈다. 그러면서 내 마음에 맺힌 것을 풀기도 하고 우리가 당면한 문제들을 상의하기도 한다. 신부님은 언제나 나를 안심시키는 말을 해주고 진정한 십자가의 길을 계속 가도록 용기를 준다. 그이는 종종 이렇게 말한다. "피에트로, 어쩔 수 없잖아? 그것 말고 우리에게 갈 길이 있어?"

나는 자주 이런 질문을 받았다. 하느님이 인간의 이 모든 고통을 허용하고 있으니, 이따금 신앙이 흔들리지 않느냐고 말이다. 하느님? 하느님이 무슨 상관인가? 고통을 야기하는 것은 하느님이 아니라 인간들이다. 탐욕스럽고 무자비한 인간들, 돈이나 권력 따위만 믿는 사람들. 단지 인신매매 조직을 말하는 것이 아니다. 인신매매가 성행하도록 방치하는 사람들, 세상의 나머지 사람들을 빈곤 상태에 그대로 두고 싶어하는 사람들, 갈등과 분쟁을 일으키고 부추기고 싸움질에 돈을 대는 사람들의 책임인 것이다. 문제는 인간이지 하느님이 아니다.

자기 나라에서 도망치기 위해, 너무 비싼 여행비를 마련하기 위해 한쪽 콩팥을 파는 것. 그건 매일 무수한 사람들이 하는 일이다.

나는 그것을 믿고 싶지 않았다. 그저 미디어들이 과장해서 보도하는 것으로 여겼다. 하지만 그건 온전한 사실이었다. 내가 난민들을 검진할 때 갈수록 자주 발견하는 상처들이 그 사실을 입증한다. 그들은 도망치기 위해 엄청난 희생을 치를 준비가 되어 있지만, 아무도 그 희생에 대해서 말하지 않는다. 그들이 말하지 않는 것은 두렵기 때문이다. 그들은 어떤 시스템을 고발하고 싶지만, 겁이 나서 그러지 못한다. 그 시스템은 갈수록 고약해지고 있는데, 우리가 그것에 대해서 알고 있는 것은 빙산의 일각일 뿐이다.

나는 사태를 제대로 파악하기 위해 관련 문서를 읽고 참고자료를 검토했다. 그 결과 무시무시한 비즈니스가 벌어지고 있음을 알게 되었다. 장기 밀거래는 아프리카에서 출발하여 수십 개의 나라로 퍼져가는 비즈니스였다. 세계보건기구의 발표에 따르면, 서양에서 이식하는 콩팥의 약 10퍼센트가 불법적으로 적출된다. 놀라운 수치다. 그렇게 불법적으로 적출된 콩팥을 사는 사람들은 많은 돈을 지불한다. 희생자가 젊을수록 콩팥의 가격은 비싸진다.

그런데 더욱 충격적인 것은 그 모든 일의 배후에 의사들과 전문 기술자들과 생체 정보 분석가들의 네트워크가 존재한다는 사실이다. 콩팥을 적출하고 그것을 최상의 조건에서 보관한 다음 이식을 행하는 데에는 상당한 능력이 요구된다. 콩팥 하나에 200만 달러라도 지불하겠다는 사람들은 콩팥이 시술의 규정에 딱 맞게 적출되었고 이식한 뒤에 완벽하게 기능하리라는 확신을 갖고 싶어한다.

뛰어난 외과의들이 그 혐오스런 밀거래에 가담하고 있다는 사실에 나는 분노를 느낀다. 그들 역시 히포크라테스 선서를 했을 텐데 어찌 그럴 수 있단 말인가! 그런데 그보다 더 고약한 것이 있다. 이제 아이들과 청소년들이 어딘가로 사라지고 그들의 장기가 가장 비싼 값을 부르는 자들에게 팔린다. 그 장기는 단지 콩팥에 한정되지 않는다. 아무런 죄가 없는 어린 사람들이 기계처럼 사용된다. 의사들은 그 어린 사람들의 소중한 장기를 교환 부품처럼 뽑아간다. 그런 상황을 생각하면 문득 이런 의문이 든다. 자기 몸속의 콩팥이나 간이 원래 자기 것이 아니라 남을 희생으로 삼아 빼낸 것이라면, 어떻게 그 사실을 알면서 살아갈 수 있을까?

그런 행태의 바탕에는 으레 그렇듯이 자본의 거대한 흐름이 있다. 자본은 '발전된' 나라들에서 나왔다가 어쩔 수 없이 그 나라들로 돌아간다. 돈이란 완전히 예속된 무기력한 민중의 피를 마구 빨아들이는 악마이다.

우리 시대는 인신매매의 단계에서 인간 장기 밀거래의 단계로 넘어갔다. 개인들을 정체성이 없는 번호로 바꾸어버림으로써 그런 밀거래는 더욱 간단해졌고, 그에 따라 어떤 사람을 흔적도 없이 사라지게 하는 일이 더욱 쉬워졌다.

다행히도 그런 사태를 직시하는 사람들이 있다. 그들은 정부들을 상대로 싸움을 벌여 그런 범죄가 종식되어야 한다는 것을 지도자들이 깨닫게 만든다. 그리고 그런 불법 거래를 종식시키기 위해서는 국제적인 협력이 필요할 것이다.

장기를 파는 것은 극단적인 행위이다. 그런데 다수의 이주민들은 자기들의 꿈을 실현하기 위해서, 장기를 파는 것만큼 심각하지는 않지만 그에 못지않게 걱정스러운 행위를 서슴지 않는다.

2011년, 아랍의 봄이 한창이던 때에 수천 명의 튀니지 사람들이 자기네 나라를 떠나 람페두사에 상륙했다. 그들은 아주 빠르게 이탈리아 본토로 옮겨지리라 확신했다. 그들이 보기에 그건 시간의 문제였다. 그러고 나면 자기네가 마침내 유럽에 닿는 것이라 생각한 것이었다. 하지만 실제로 그 튀니지 사람들은 본국으로 돌려보내질 가능성이 있었다. 그렇게 본국으로 돌아가면 감옥에 갇힐 염려도 있었다.

자기네를 기다리는 것이 무엇인지 깨달았을 때, 그들의 다수는 시칠리아 병원에 입원되기 위해 갖가지 방식을 시도했다. 어떤 사람들은 손에 닿는 것을 무엇이든 삼켜버리는 방책을 생각해냈다. 그들은 수용 센터 문들에 박힌 못이며 녹이 슬어 있기 십상인 고철 조각을 삼켰고, 심지어는 극심한 장기 손상을 야기할 수 있는 면도날을 삼키기까지 했다. 그러다 보니 하루에 세 명 꼴로 이주민들이 보건소의 진료를 받아야 했다. 엑스선 검사를 해보면, 그들이 무언가를 삼켰다는 사실이 분명하게 드러났다. 그래서 그들을 급히 수술하기 위해 팔레르모로 이송해야만 했다. 최악의 상황을 피할 수 있기를 바라면서 말이다.

그들은 탈출구를 찾기 위해서는 그럴 수밖에 없다는 것을 알아차렸다. 그래서 일단 치료를 받고 나면 도망을 쳤다. 튀니지 감옥에 갇히느니 불법 이민자로 사는 게 나았던 것이다.

밤낮으로 헬기가 람페두사와 시칠리아의 병원들 사이를 오고 갔다. 그래도 병원 쪽에서 우리를 안심시키는 소식들이 전해져서 그나마 다행이었다. 엑스선 검사 결과, 그 이주민들은 대개의 경우 면도날을 삼키더라도 그것을 미리 담뱃갑의 은

종이에 싸서 삼키는 것으로 밝혀졌다. 덕분에 위험이 줄어든 것이었다.

그렇다 해도 그 이주민들이 람페두사를 떠나기 위해 생명을 위험에 빠뜨리도록 내버려둘 수는 없는 노릇이었다. 어떻게든 대책을 세워야 했다. 우리는 수용 센터를 감시하는 집행 기관에 그 사실을 알렸다. 담당자들이 즉시 나서서 문의 손잡이들을 떼어내고 위험성을 지닌 물건들을 모두 없애버렸다. 우리 보건소에서는 이민자들에게, 만약 위험을 무릅쓰고 그런 터무니없는 짓을 계속하면, 시칠리아로 가기보다 람페두사에 계속 남아서 보건소의 치료를 받게 되리라고 알려주었다. 그러자 며칠 뒤에 상황이 정상으로 돌아왔다.

우리 나름대로는 가장 온당한 선택을 한 것이었다. 하지만 나는 알고 있었다. 그럼으로써 그들의 운명에 다른 가능성이 열리지 않게 되었다는 것을. 그래서 마음이 몹시 울적했다.

"잡초는 절대로 죽지 않아요"

머리가 지끈거린다. 견딜 수가 없다. 나는 보건소 사무실에서 전화 통화를 하는 중이다. 내 책상은 서류로 잔뜩 덮여 있다. 정리할 시간을 내지 못해 서류가 쌓여 있는 것이다. 나는 흥분한 나머지 그 책상을 주먹으로 내리치며 소리를 지른다. 알레산드라가 급히 들어오더니 사정을 살피고 즉시 나를 만류한다.

"피에트로, 지금 뭐라는 거예요? 전화 끊어요. 누구랑 통화하는지 모르지만 어서 전화기 내려놔요."

알레산드라는 깜짝 놀란 표정을 짓고 있는데 나로서는 그 이유를 알 수 없다. 그녀는 내 손에서 송수화기를 빼내어 즉시 받침대 위에 올려놓는다. 나는 그래서 더욱 짜증을 부린다.

"왜 이래?"

나는 그렇게 말했다고 생각하지만, 실제로 내 입에서 나온 것은 알아들을 수 없는 소리뿐이다.

알레산드라는 내가 가장 신뢰하는 직원이다. 그녀가 그런 행동을 한다는 게 터무니없어 보인다. 그래서 나는 말을 계속 지껄이지만 상대는 전혀 알아듣지 못한다. 내 얼굴이 이상한 모습으로 비틀어진다. 그녀는 점점 더 불안해하는 기색이다. 곧바로 복도로 나가더니 간호사들을 부른다. 나에게 무슨 일이 생긴 건지 알아차릴 새도 없이, 나는 응급실 침대에 누운 채로 팔에 수액 주사를 맞고 있다. 도통 이해할 수 없는 일이다. 이 사람들이 나에게 수액 주사를 놓았다. 그래서 나는 생각했다. '도대체 무슨 일이야? 이 사람들이 나한테 뭘 하는 거지?' 꿈을 꾸는 기분이 든다. 내가 꾼 숱한 악몽들 가운데 하나를 겪고 있는 느낌이다.

하지만 나는 잠들어 있지 않다. 나는 온전히 깨어 있고 주위에서 벌어지는 일은 분명한 현실이다. 사태가 심각하다. 내가 그것을 깨달은 것은 나와 과거에 말다툼을 벌인 적이 있는 직원 하나가 다가와 이렇게 말할 때였다.

"걱정하지 말아요, 피에트로. 잡초는 절대로 죽지 않아요."

뒤이어 사람들이 나를 들것에 실어 구급차로 데려간다. 소리치고 싶다. 왜 이러느냐고, 나를 어디로 데려가는 거냐고 묻고 싶다. 하지만 소리칠 수가 없다. 내 뇌는 무언가를 생각하지만 나는 그 생각을 표현할 수 없다. 나는 이제 육신을 통제하지 못한다.

덜컥 겁이 난다. 예전에 바다에 빠졌던 때가 생각난다. 숨이 가쁘다. 이유를 모르겠다. 이제 끝났구나 하는 생각이 든다. 내 생애에서 두 번째로 내가 죽고 있구나 하고 생각한 것이다. 이륙을 준비하고 있는 헬기가 눈에 들어온다. 간호사들은 구급차에서 들것을 꺼낸다. 촌각도 지체할 수 없는 상황이다. 우리가 헬기에 오르자 헬기가 떠오른다.

나는 그 여행을 결코 잊지 못할 것이다. 사람들의 표정은 긴장되어 있는데, 나는 사태의 심각성을 제대로 깨닫지 못하고 있다. 창밖으로 보이는 하늘은 맑고 군데군데 새하얀 구름이 걸려 있다. 그 구름 덩이들이 거대하고 달콤한 디저트 머랭처럼 보인다. 헬기를 타고 가는 동안, 혈액 공급의 장애로 말미암아 혼미해진 내 머릿속으로 갈피를 잡을 수 없는 이미지들이 스쳐 지나간다. 그 이미지들은 커다란 화폭에 담긴 것처럼 한데 뒤섞인다. 문득 이런 생각이 든다. 이 순간까지 나는 강렬한 삶을 살았다고, 온전하게 후회 없이 살았다고.

비행시간은 한 시간 남짓이다. 그 시간이 내게는 영겁처럼 길다. 조금씩 내 몸의 반쪽이 뇌의 명령에 응답하지 않는다. 내 얼굴의 한 부분이 뻣뻣해진다. 한쪽 다리와 한쪽 팔에 감각이 없다.

나는 리타를 생각하고, 내가 그 모든 세월 동안 그녀에게 강요했던 희생을 생각한다. 그리고 우리 자식들을 생각한다. 하지만 이것 한 가지는 분명하다. 만약 과거로 돌아간다면, 나는 오늘까지 내가 했던 일을 똑같이 할 것이다. 밤을 부두에서 지새우고, 온종일 쉬지도 못하고 일하는 삶을 살 것이다. 방파제에서 내 동료 한 사람과 함께 꼬박 사흘을 보냈던 그때처럼 말이다. 그 사흘 동안 우리는 숙면을 취할 시간이 없어서 번갈아가며 구급차의 들것에 누워 잠깐씩 선잠을 잤다. 구급차의 들것이 우리가 기력을 회복하는 데 사용할 수 있는 유일한 수단이었다. 한 시간쯤 선잠을 자고 나면 다시 일어나 일을 해야 했다. 히포크라테스 선서를 하던 때에, 나는 나에게 하나의 임무가 맡겨지고 있음을 알고 있었다. 하지만 그 임무가 이와 같으리라는 것은 상상조차 하지 못했다.

팔레르모의 병원에 도착하자, 마리오가 나를 맞아준다. 마리오는 내 동료일 뿐만 아니라 나와 함께 숱한 투쟁을 벌인 친구이기도 하다. 그 역시 불안해하는 기색을 보인다. 사람들은 나를 데리고 가서 단층촬영을 하고 MRI 검사를 한다. 상황은 그다지 심각하지 않은 것으로 드러난다. 내 증세는 일시적으로 일어난 가벼운 허혈성 발작이었다.

나는 병원에 입원하여 치료를 받는다. 열흘이 지나자 나는 퇴원을 요청한다. 내 동료들은 반대하지만, 나는 퇴원하겠다고 서명한다. 한시도 소홀히 하지 않고 나를 보살펴준 마리오가 나에게 이른다. "피에트로, 지금 나가는 건 너무 일러. 며칠이라도 더 있다 가게. 자네는 엄청난 스트레스를 받았던 거야. 그런 일이 또 벌어지면 완전 마비가 올 수도 있어. 잘 생각하게."

나는 의료진의 권고에 반하여 퇴원할 권리를 행사한다. 병원에 머물러 있고 싶지도 않고 머물러 있을 수도 없다. 회복기 중이라도 내가 부두에 다시 나가서 사람들을 도우리라는 것은 모두가 짐작하고 있는 터다.

나는 람페두사의 집으로 돌아갔다. 보건소의 직원이 했던 말이 떠오른다. "잡초는 절대로 죽지 않아요."

한 가지 점에서는 마리오가 정확하게 보았다. 내가 쓰러졌던 그날, 스트레스가 나에게 못된 장난을 친 건 분명하다. 그스트레스의 원인이 된 것은 아주 우스꽝스럽고 어이없는 뜻밖의 사건이었다.

이야기는 2013년 9월 2일로 거슬러 올라간다. 내가 보건소 사무실에 있을 때 전화벨이 울렸다. 카라비니에리의 지휘관이었다. "선생님, 급히 읍사무소로 와보셔야겠어요."

거기로 가보니 읍장 주시 니콜리니와 함께 일하는 직원들이 나와 있었다. 그들은 모두 겁에 질린 표정이었다. 책상 위

에는 흰 봉지가 열린 채 놓여 있었다. 독일에서 온 봉지라고
했다. 봉지 안에는 하얀 가루와 '탄저병 주의'라고 적힌 쪽지
가 들어 있었다.

　직원들은 봉지를 열고 가루를 만져보고 냄새까지 맡아보았
다고 했다. 그러고는 즉시 그런 긴급 사태에 대처하도록 훈련
받은 소방대원들에게 연락을 취했다. 소방대원들은 특별한 작
업복을 입고 출동했다. 나는 그들에게 어떤 조치를 취해야 하
는지 일러주었다. 탄저병이라고? 우리 섬에서는 아무도 그런
것을 겪어본 적이 없었다. 세상의 온갖 매뉴얼에 관한 지식이
있다 해도, 그런 종류의 상황에는 어떻게 대처해야 할지 갈피
를 잡을 수 없다.

　이론상으로 보면, 오염을 제거하는 임무를 맡은 이동 작업
팀이 있어야 하고, 그 팀이 현장에 출동했어야 한다. 하지만
우리 섬 람페두사에서 그건 꿈같은 얘기다.

　소방대원들은 봉지를 다시 봉하고 나에게 주었다. 그런 일
과 아무 상관이 없는 나에게……. 나는 그 봉지를 몇 겹의 다
른 봉지로 싸고 또 싼 다음, 팔레르모에 있는 보건 담당 지방
당국과 동물 위생 지역본부에 알렸다. 그들 역시 대처 방안을
모르고 있었다.

　협상과 논란으로 하루를 보낸 끝에, 재무경찰 소속의 헬기

한 대가 우리 섬에 도착했다. 문제의 봉지를 팔레르모로 가져가기 위해서였다. 봉지가 경찰에 넘겨지고 몇 분이 지나자, 우리 섬을 관할하는 아그리젠토 소방서 서장이 나에게 전화를 걸었다. 소방관들이 봉지를 다룰 때 착용했던 작업복 전체의 오염을 제거해야 한다는 것이었다. 그 명령이 나의 화를 돋우었다. 그런 작업은 우리가 할 일이 아니었다. 나는 서장에게 내가 생각하는 바를 기탄없이 말했다. 내가 허혈성 발작을 일으키던 날, 바로 그 통화를 알레산드라가 나서서 중단시킨 것이다.

내가 갑자기 쓰러졌다는 소식을 들은 사람들은 모두 겁을 먹었다. 내가 탄저병에 감염된 게 아닌가 생각한 것이었다. 다행히도 검사 결과는 빨리 나왔다. 하얀 가루는 탄저병과 전혀 상관이 없는 것으로 드러났고, 내 증세는 허혈성 발작인 것으로 밝혀졌다.

보건소는 1991년 이래로 나의 두 번째 집이다. 내가 보건소에 취직할 당시에는 의사가 다섯 명 더 있었다. 그들 가운데 두 명은 우리 섬에서 북동쪽으로 40킬로미터 떨어진 리노사에서 일하도록 되어 있었다. 하지만 아무도 거기에 가고 싶어하지 않았다. 겨울에는 연락선이 그 섬에 닿을 수 없을 때가 많아서, 며칠 동안 거기에 갇혀 있기가 일쑤였다. 그래서 나는 그 동료들이 시칠리아에 있는 집에 가서 쉴 수 있도록 종종 그들을 대신하여 리노사에 갔다. 그들은 람페두사 출신이 아니었다. 그래서 일주일에 겨우 이틀만 가족과 함께 지낼 수 있었다. 차츰차츰 그 의사들 거의 모두가 전출을 요청했다. 집이 있는 시칠리아로 돌아가고자 하는 것이니, 그 요청은 이해할 만했다. 결국 우리 섬에는 두 명의 의사만 남게 되었다.

몇 해가 지나서 나는 보건소의 책임자로 임명되었다. 나와 함께 남아 있던 내 동료도 람페두사를 떠나게 해달라고 나에게 요청했다. 그걸 어떻게 거부할 수 있겠는가? 가족과 멀리 떨어져 사는 것은 오래도록 강요될 수 없는 희생이다. 그래서 나는 결국 동의를 해주었다. 아직도 내가 의료진의 증원을 요구할 때면, 사람들은 나의 그 선택을 나무란다.

그래도 나를 지지해준 사람은 바로 알레산드라이다. 의료 관리를 맡도록 임명된 사람이었는데, 나의 오른팔이 되고 최고의 비판자가 되었다. 그뿐만 아니라 피로가 엄청 심할 때 불뚝거리는 나의 신경질을 받아주는 사람도 그녀다.

많은 사람들이 우리 섬에 와서 자취를 남겼다. 내가 만난 의사들은 아주 훌륭했다. 그러나 자연스런 욕구는 어쩔 수 없는 것이라서, 그들은 저마다 어느 때가 되면 자기가 태어난 도시로 돌아갔다. 반면에 나와 알레산드라는 이 작은 땅에 남아서 일상을 마주하고 긴급 상황에 대처했다.

우리 섬에 상륙하는 이주민들이 기하급수적으로 증가한 뒤로, 다행히도 사람들이 우리를 도우러 왔다. 우리 보건소에는 이제 임시 계약이긴 하지만 산부인과 의사 한 분이 와 있다. 한때는 섬에 매일같이 상륙하는 수많은 어린이들을 검진하기 위해 소아과 의사도 한 분 와 있었지만, 그 여자 분은 혼자 해나기가 너무 어려웠던 나머지 포기하고 말았다. 한 동료는 다른 의사 두 분과 함께 응급실을 맡고 있다. 그들 가운데 한 분은 내가 부두에 나갈 때, 산부인과 의사와 더불어 나와 동행한다. 심장 전문의 한 분과 마취의 한 분도 우리 보건소의 의료진에 합류했다. 요컨대 우리 보건소는 마침내 22개의 진료 분과를 갖춘 의료 기관이 되었고, 수용 센터에 머무는 이주민들도 우리의 진료를 받게 되었다.

어느 날 뜻하지 않게 벌어진 일이 생각난다. 나에게 좋은 추억으로 남아 있는 일이다. 영화 「화염의 바다」가 성공을 거두고 얼마 지나지 않았을 때였다. 나는 계속 인터뷰 요청에 응하여 텔레비전에 출연하고 있었다. 나는 가까이 있는 것을 잘 보지 못하는 원시가 있어서, 무언가를 읽을 때는 돋보기를 낀다. 그런데 이 독서용 안경은 테가 조금 특이하다. 안경알 두 개를 분리해 목걸이처럼 걸어두고 있다가 필요할 때는 자석 연결 방식으로 두 안경알을 붙여서 낀다. 그렇게 텔레비전에 출연한 직후에 나는 그 돋보기를 생산하는 회사로부터 메일을 받았다. 내가 원해서 한 일은 아니지만, 내가 그 회사의 제품을 광고하는 효과를 냈다는 것이었다. 그들은 나에게 감사할 방도를 찾고 있었다. 그러니까 내가 뜻밖의 행운을 잡은 셈이었다.

우리는 이주민들을 검진할 때 종종 시력 교정용 렌즈를 처방한다. 그들이 그 렌즈를 구입하지 못하리라는 것을 알면서도 그런 처방을 내린다. 나는 그런 사정을 감안하여 안경 회사에 렌즈의 도수가 서로 다른 안경들을 많이 보내달라고 부탁했다.

며칠 뒤에 커다란 트럭이 보건소에서 나를 기다리고 있었다. 트럭 안에는 아주 많은 안경이 들어 있었다.

결국 나도 모르게 행한 광고 덕분에 많은 사람이 이익을 보았다.

일을 하다 보면 그렇게 뜻밖의 기쁨을 얻기도 하지만, 우리가 해야 할 일의 양은 갈수록 늘어난다. 우리는 그저 부두에 닿는 난민들만을 돌보는 것이 아니기 때문이다. 유럽 국경·해안 경비 기구의 배들이 긴급한 상황에 처한 사람들을 구조할 때면, 그 사람들은 헬기나 모터보트를 통해 우리 섬으로 이송된다. 촌각을 지체할 수 없는 급박한 상황이므로 구조된 사람들을 다른 곳으로 데려갈 수가 없다.

사정이 그러하니, 우리는 그 모든 일을 관리하느라 애를 먹는다. 우리는 이주민들에게 엄청난 에너지를 쏟을 뿐만 아니라, 람페두사 섬사람들의 일상적인 요구에도 대응해야 한다. 보건소 말고도 소아과 의원과 내 아내 리타를 포함하는 일반의 세 명이 있기는 하지만, 그것으로는 충분하지 않다.

다행스럽게도 우리는 보건소 간호사들과 직원들의 소중한 도움을 받을 수 있다. 그들은 결코 시간을 따지지 않는다. 그들은 한밤중에 응급실로 달려가는 것을 주저하지 않고, 며칠 내내 쉴 새 없이 일하는 것을 겁내지 않는다.

이상이 람페두사 보건소의 모습이다. 우리 보건소는 그저 피에트로 바트롤로가 혼자 일하는 곳이 아니다. 우리 섬에서 무슨 일이 벌어지든 착하고 어진 사람들이 정성과 지혜를 모아 함께 해결하고 함께 헤쳐 나간다.

우리는 해야 할 일이 있다면 결코 포기하지 않는다. 시련이 닥쳐와도 우리는 겁내지 않는다. 그래서 우리는 내가 소속되어 있는 팔레르모의 보건 공사와 더불어 야심찬 계획을 추진하고 있다. 인도주의적인 의료원과 이민 센터를 설립하는 것이 바로 그 계획이다. 그것은 쉽지 않을 것이다. 하지만 우리는 그 목표에 도달하리라고 나는 확신한다.

눈이 큰 아기 페이버

2016년 5월 25일, 새벽 2시. 상선 한 척에서 경보가 날아들었다. 상선의 승무원들이 시칠리아 운하에서 다수의 이주민들을 구조했는데, 그 이주민들 가운데 20명이 심각한 화상을 입은 상태라서 계속 여행할 수가 없다는 것이었다. 모터보트 한 척이 그들을 데리러 간 사이에 우리 섬과 판텔레리아섬의 구급차와 헬기 들을 대기시키라는 지시가 내려졌다. 아침 8시에 모터보트가 람페두사로 돌아왔다. 보트에 탄 여자들 대다수가 이른바 '고무보트 병'이라 할 만한 질병을 앓고 있었다.

구조 활동을 25년 동안 했지만, 그런 종류의 화상을 치료해보는 것은 처음이었다. 그런 환자들이 나타나기 시작한 것은 이탈리아 해군의 난민 구조 작전인 '마레 노스트룸'과 그 뒤를 이은 유럽 국경·해안 경비 기구의 트리톤 작전이 가동되었을 때였다. 난바다에서 해군의 구조 활동이 활발해지자, 인신매매업자들은 난민들을 모선에 태워 이탈리아 해역으로 데려

207

온 다음 낡고 불안정한 작은 배들에 옮겨 태운다. 해군의 구조 활동이 전개될 것을 예상하고 그런 짓을 하는 것이다. 인신매매업자들이 주로 사용하는 배는 고무보트이다. 고무보트에 사용되는 연료는 대개 경유가 아니라 휘발유이다.

인신매매업자들은 항해 도중에 모터보트의 연료통을 채우는데, 그러다 보니 기름통에서 휘발유가 새어나올 수밖에 없다. 휘발유는 마치 뱀이 움직이는 것처럼 천천히 퍼져나가 짠물과 뒤섞여서 파괴적인 혼합물로 바뀐다.

고무보트에서 남자 승객들은 튜브 모양의 테두리 위에 앉지만, 여자들은 아이들을 품에 안은 채 보트 바닥에 자리를 잡는다. 짠물과 휘발유의 혼합물이 이 여자들의 옷에 배어들고 살갗에 스며든다. 그때 느껴지는 온기가 처음엔 그런대로 괜찮지만, 그건 그냥 느낌일 뿐이고 이내 그 액체가 발과 다리와 엉덩이의 피부를 공격하기 시작한다. 그 공격을 견디지 못한 피부 조직이 조금씩 상해가면서 깊은 상처가 생겨난다. 화학물질에 의한 피부 손상, 즉 화학 화상이 심하게 일어나는 것이다.

부두에 참상이 펼쳐진다. 처음으로 내 검진을 받은 여자는 들것에 누워 있다. 흔히 '메탈리나'라 불리는 금박 비상 보온 담요를 두른 차림이다. 기력이 없어서 몸을 일으킬 수 없다. 두 번째 여자는 겨우겨우 걷는다. 구급차에 오르기 위해서 나와 자원봉사자의 도움을 받아야 한다. 세 번째 환자는 흰 시트에 싸인 채로 모터보트 바닥에 누워 있다. 검은 천사 같은 모습이다. 엄청난 고통을 겪는 천사이다. 그녀를 부두로 데리고 내려가기가 쉽지 않다. 나는 구조대원들에게 그녀를 아주 조심스럽게 부축하라고 이른다. 여자는 거의 움직일 수 없을 정도로 증세가 심각하다.

나는 그녀의 한쪽 어깨를 부축하고 잔걸음으로 나아간다. 그러면서 그녀를 감싸고 있는 시트를 살며시 들춰본다. 엉덩이의 살이 다 헐어버렸을 정도로 피부 손상이 심하다. 그래도 여자는 신음소리도 내지 않고 안간힘을 다해 버틴다. 경련 때문에 얼굴이 일그러지는 것은 어쩔 수 없다. 모터보트에 실려 온 여자들이 모두 그 치명적인 혼합물 때문에 피부가 손상되어 있다.

그때 여성 자원봉사자 한 사람이 모터보트에서 아주 어린 여자아이를 안고 나오더니 나에게 아기를 맡긴다. 동그란 얼굴에 검은 눈이 크고 또렷한 무척 예쁜 아기였다. 아기는 무척 놀란 기색이다. 나는 아기 어머니가 어디에 있느냐고 묻는다. 그걸 아는 사람이 아무도 없다. 나는 또 다시 나를 도와주러 와 있는 통역 겸 문화중재자 엘레나에게 아기를 맡기며 당부한다.

"단 한순간도 아기를 떼어놓지 말아요. 누가 와서 아기를 달라고 해도 그냥 주면 안 돼요. 아기 아빠라는 사람이 와도 내 주지 말아요. 내가 돌아올 때까지 아기를 봐줘요."

그런 다음 나는 아기의 이마에 입을 맞추고 다시 환자들을 보살피러 간다.

우리는 보건소에서 그녀들을 치료하기 시작한다. 모든 환자의 검은 몸에 흰 얼룩이 커다랗게 나 있다. 이런 모습을 보고 있다는 게 잘 믿기지 않는다. 우리는 상처에 크림을 바르고 그위에 붕대를 감아준다. 거즈로 감은 상처 부위가 불타듯 뜨겁다. 휘발유 냄새가 공중에 감돈다. 그 가엾은 여자들이 고통에 겨워한다. 그 모습이 안쓰럽다.

간호사, 의사, 간호조무사, 응급구조사 들이 내 주위로 계속 오고 간다. 늘 그랬듯이 한순간 한순간이 모두 소중하다. 한순간도 허비할 수가 없다.

우리가 환자들을 보살피고 나면, 응급구조사들이 가엾은 우리 환자들을 구급차에 태워 헬기들이 이륙 준비를 하고 있는 헬리포트로 달려간다.

우리 의료 기관에서 일하고 있는 사람들의 이타성과 자기희생을 무슨 말로 형용할 수 있으랴. 우리는 진정한 하나의 팀을 이루고 있다. 우리 팀에서는 각자의 역할이 중요하고 근본적이다. 구급 활동은 우리가 보통으로 하는 일이고 우리의 일상이다. 25년 동안 우리는 30만 명 가까운 사람들을 검진하고 구조하고 치료했다.

피로가 너무 심해서 숨이 가빠진다. 욕지기가 나고 가슴에 압박감이 든다. 더 견딜 수가 없다. 속에서 비명이 터져 나올 참이다. 우리는 갑옷을 단단히 차려입고 계속 나아가려고 애를 쓰지만, 영혼은 어느 순간 어쩔 수 없이 무너진다. 마치 우리는 어떤 전쟁에 참가하고 있는 듯하다. 우리가 참여하기를 원하지 않았지만, 변변찮은 무기를 가지고 마주해야 하는 전쟁. 매일 수십 명의 부상자가 생겨나는 전쟁. 우리가 할 수 있는 것은 그저 최전선의 참호에서, 말 그대로 최전선의 참호에서 버티는 것이다.

나는 마지막으로 환자 한 명을 더 치료하고 나서, 엘레나와 지옥 같던 그날 아침이 우리에게 안겨준 그 아름다운 선물을 보러 간다.

나를 도와주는 엘레나가 아기에 관해서 알아낸 것을 알려준다.

"아기 이름은 페이버예요. 아직 첫돌도 안 지난 아홉 달배기이고, 나이지리아에서 왔어요. 아기 이름은 호의나 은혜라는 뜻이에요. 아기 어머니는 다른 아기를 임신하고 있었는데, 배를 타고 오던 도중에 사망했어요. 동승객 가운데 하나인 소피이라는 여자가 아기를 보살폈어요. 그 여자 말로는 고무보트에 동승했던 사람이 120명이었대요."

나는 한 엄마가 죽음이 임박했음을 알고 절망에 빠져 있는 상황을 상상해본다. 그 엄마는 잘 알지도 못하는 여자에게 자기 아기를 맡기지 않을 수 없었다. 인연이라고는 그저 몇 시간 동안 함께 여행한 것이 전부인 여자에게 자기의 가장 소중한 존재인 어린 딸아이를 부탁해야 했던 것이다. 그러면서 그 동행자 덕분에 아기가 보호받을 수 있기를, 자기는 죽더라도 아기만은 구조될 수 있기를 바랐을 것이다.

이게 인간적이지 않은 상황이라는 것을 안다. 하지만 실제로 이런 일이 매일 벌어지고 있다. 우리는 이런 일이 뉴스로 다뤄질 때만 잠시 관심을 가진다. 그러고는 이내 잊어버리고 우리의 틀에 박힌 일상으로 돌아간다.

페이버는 크고 또렷한 눈으로 나를 바라본다. 참으로 경이로운 아기다. 우리는 아기를 씻기고 나서 작은 원피스를 입힌다. 아기가 더욱 예뻐 보인다. 우유를 주자 아기는 한숨에 마셔버린다. 무척 배가 고팠던 모양이다. 그러고 나자 아기는 인형을 가지고 논다. 나는 몇 시간 동안 아기를 품에 안아준다. 오래 전부터 아기를 알고 있었던 것만 같다. 아기와 함께 있는 내 모습을 누가 사진에 담는다. 아기는 마치 포즈를 취하는 데

익숙한 것처럼 렌즈를 바라본다. 그 사진은 몇 시간 만에 세계를 한 바퀴 돌았다.

나는 아기를 수용 센터로 데려간다. 아기를 일시적으로 거기에 맡겨야 하기 때문이다. 법률에 그렇게 하도록 되어 있다. 하지만 아기를 떼어놓기가 쉽지 않다. 목이 멘다.

나는 곧장 집으로 달려간다. 아내에게 아기 얘기를 하고 곧이어 자식들에게 전화를 건다. 내가 바라는 것은 우리 가족이 페이버를 맡는 것이다. 아내는 이런 상황을 차분하게 받아들인다. 내 성격이 충동적이라는 것을 잘 아는 것이다. 예전에 아누아르라는 아이와 관련되었을 때와는 달리 이번에는 나에게 아니라고 말하지 않는다. 대신 이렇게 일러준다.

"피에트로, 난 당신이 실망하지 않았으면 좋겠어. 사람들이 그 아기를 우리한테 맡기지 않더라도 말이야. 누가 아기를 보살피게 될지는 법원의 결정에 달려 있어."

그런다고 기가 꺾일 내가 아니다. 나는 도청과 관련 정부 부서의 공무원들에게 전화를 건다. 내가 아는 사람들과 여러 해 동안 나와 함께 일했던 사람들에게 도움을 청한 것이다. 나도 안다. 그게 올바른 방법이 아니라는 걸. 하지만 그 아기는 이미 내 마음에 깊이 새겨졌다. 그리고 나는 아기가 우리와 함께 잘 지내리라고, 아기가 마땅히 받아야 할 보살핌과 관심을 우리에게서 받게 되리라고 확신한다.

이튿날 아침, 날이 밝기가 무섭게 사회복지사인 크리스티나의 도움을 받아 소년 법원에 보낼 서류를 작성한다. 이왕이면 내가 가장 먼저 서류를 제출하는 편이 나을 듯싶다. 나는 오전 내내 휴대폰을 살핀다. 도청에서 전화가 걸려오기를 바라면서.

하지만 이번에도 리타가 짐작한 대로 일이 돌아간다. 아무도 나에게 전화하지 않는다. 아기를 맡아줄 사람은 우리가 아니라는 얘기다.

이제 정해진 수속에 따라 페이버를 팔레르모로 떠나보내야 한다. 나는 아기를 데리고 공항에 갈 엄두가 나지 않는다. 내가 잘못 생각하는 것인지 모르지만, 아기와 동행할 임무를 맡은 여자 경관이 아기를 안은 채 미소를 지으며 아기에게 입을 맞추는 장면을 보면 마음이 아프리라는 생각이 든다.

어쨌거나 아기와 내가 함께 사진을 찍고, 아기의 부모 노릇을 하겠다며 공공 기관에 전화를 건 것은 긍정적인 효과를 가져왔다. 이탈리아 전역에서 수백 가구가 아기를 맡겠다고 신청을 해왔으니 말이다. 검은 눈이 크고 또렷한 그 예쁜 아기는 오래 기다릴 필요도 없이 팔레르모의 한 부부에게 곧바로 맡겨졌다. 그 부부는 여러 해 전부터 아이를 갖고 싶어하던 사람들이다. 그들에게 아기의 피부색이나 성별이나 나이는 전혀 중요하지 않았다. 그들은 경이로운 선물을 받은 셈이다. 하지만 그들이 무조건 아기의 부모가 되리라는 보장은 없다. 그들이 정말로 아기를 입양할 수 있으려면, 관계 당국이 아기의 본국에 연락을 취하여 갖가지 절차를 밟고 아기에게 가족이 없다는 점을 확인해야 한다. 실제로 아기 어머니는 유럽에서 친척들과 만나려고 했던 듯하다.

페이버가 세상에 의지할 만한 사람이 아무도 없다는 사실이 드러나면, 비로소 여기에서 입양되어 살 수 있다. 그런 경우에 페이버는 "의심할 바 없이 이탈리아인"이니까 말이다. 이탈리아 대통령 세르조 마타렐라가 람페두사를 방문했을 때 분명히 그렇게 말하지 않았는가.

배를 타고 오는 동안 페이버를 보살폈던 여자 소피이는 병상에 누워 심한 화상의 치료를 받던 중에 아기의 소식을 물었다. 페이버의 엄마가 자기에게 맡긴 임무가 완수되었는지 알고 싶은 것이다. 의사들은 페이버가 좋은 사람들 손에 맡겨졌다며 그녀를 안심시킨다.

이틀. 내가 냉엄한 현실로 되돌아오는 데에는 그보다 긴 시간이 걸리지 않았다. 페이버의 일이 정리되고 48시간이 지났을 때, 비슷한 일이 훨씬 비극적인 방식으로 되풀이되었다.

헬기 한 대가 우리 섬에 다다랐다. 사내아이 하나가 헬기에 실려 왔다. 조난선에 타고 있다가 스페인 선박의 도움으로 구조된 아이인데, 신체 상태가 너무 허약해서 여행을 계속할 수 없다고 한다. 나는 아이를 데리러 헬기장으로 간다. 이번에는 갓난아이가 아니라 다섯 살배기 아이다. 에리트레아 출신이고, 이름은 무스타파이다.

아이는 무척 아프다. 구조대원들이 정맥주사를 놓을 자리를 찾아내지 못할 정도로 아프다. 체온이 27도까지 떨어져서 하마터면 저체온증으로 목숨을 잃을 뻔했다. 사정이 그러하니 응급 골내 주사를 놓아야 했다. 정강이뼈 속에 주삿바늘을 삽입하여 수액을 주입해야 하는 것이었다. 그건 아주 고통스러운 수술이다. 아이에게는 더더욱 고통스럽다. 하지만 다른 방법이 없었다. 그것이 아이를 죽음에서 떼어내는 유일한 방법이었다.

나는 무스타파를 품에 안고 보건소로 데려간다. 아이의 눈에는 체념과 공포의 기색이 뒤섞여 있다. 아이는 충격에서 벗어나지 못하고 있다. 어머니와 누이동생을 바다에서 잃었으니 그럴 수밖에 없다. 아이는 어머니와 누이가 죽어가는 것을 보았다. 페이버와는 달리 무스타파는 모든 것을 알아차렸다. 아이는 자기에게 가장 소중한 사람들이 물너울 사이로 가뭇없

216

이 사라지는 것을 보았다.

우리는 아이의 체온을 정상으로 회복시키기 위해 온도를 높인 수액을 주사하기로 한다. 그런데 첫 시도가 실패로 돌아간다. 여전히 정맥을 찾아내기가 어렵다. 그러자 아이는 마치 우리를 도우려는 듯 다른 팔을 내민다. 뼛속에 카테터가 삽입되는 악몽 같은 상황을 다시 겪고 싶어하지 않는 아이의 마음이 이해된다.

무스타파는 갑자기 주먹을 꼭 쥐더니 팔을 크게 휘둘러 주먹을 자기 입 쪽으로 가져간다. 마치 숟가락을 쥐고 있는 것처럼 먹는 시늉을 하는 것이다. 누가 보기에도 배가 고프다는 뜻이다. 나는 즉시 따뜻한 초콜릿 음료와 비스킷을 차려준다. 그러고는 아이를 도와 음료를 조금씩 마시게 하고 비스킷 조각들을 내민다.

아이는 울지 않는다. 하지만 아이의 간절한 눈빛에는 "저를 도와주세요"라는 말이 담겨 있는 듯하다. 무스타파 역시 아주 예쁜 아이다. 엘레나는 플러시 천으로 만든 토끼 인형을 아이에게 주며 말한다.

"이 토끼 이름이 뭔 줄 아니? 바르톨로야, 바르톨로."

무스타파는 토끼 인형을 잡더니 이 손에서 저 손으로 옮겨가며 장난을 친다. "바르톨로, 바르톨로"를 되뇌는 아이의 입가로 미소가 번진다.

우리가 치료를 하고 정맥주사를 놓았지만, 아이의 병세는 여전히 위태롭다. 아이를 람페두사에 더 머물게 할 수가 없다. 급히 큰 병원으로 옮겨주어야 한다. 나는 아이를 헬기장으로 데려간다. 조금 지나서 무스타파는 다시 헬기를 타고 떠나간다. 이번에는 팔레르모에 있는 어린이 병원으로 가는 것이다.

나는 다시 승용차에 올라 시동을 건다. 왔던 길로 돌아가려 하는데, 문득 멈추고 싶은 욕구가 인다. 나는 적당한 곳에 차를 세우고 걷기 시작한다. 그것이 고뇌, 좌절감, 무력감에서 벗어나기 위한 가장 좋은 방법이다. 나는 천천히 심호흡을 하고 바다 쪽으로 걸어간다. 오늘은 바다가 잔잔하고 평온하다. 물결이 가라앉은 에메랄드빛 수면이 참으로 곱다.

한 갯바위에 소년들이 모여 있다. 그들은 농담을 주고받으며 웃는다. 누가 가장 멋진 다이빙을 할 수 있는가를 놓고 경쟁을 벌이는 모양이다. 소년들은 활기차고 건강하다. 벌써 봄볕에 살갗이 금빛으로 그을었다. 그들에게는 지금이 한 해 가운데 가장 좋은 계절이다. 학교는 사실상 끝났고, 방학을 코앞에 두고 있다. 우리 섬이 거대한 놀이터로 변해가는 때다. 그들은 이제 찬바람을 막기 위해 스웨터와 점퍼를 입지 않아도 된다. 전에는 오후 내내 집에 갇혀서 공부를 하거나 공부하는

218

척을 했지만, 이젠 그러지 않아도 된다. 바야흐로 그들은 이 천국 같은 풍광의 아름다움을 마음껏 즐길 수 있다. 해안의 바위들 사이로 우묵우묵하게 들어간 작은 만들을 두루두루 다니며 물장난을 칠 수도 있고, 이 바위 저 바위를 오가며 다이빙을 할 수도 있다. 문득 내가 그 소년들처럼 어렸던 시절이 떠오른다. 이렇게 물결이 잔잔하고 햇살이 따가운 날을 얼마나 간절하게 기다렸던가. 친구들과 함께 바다에 나가 미역을 감을 수 있는 이런 날을 얼마나 좋아했던가.

우리는 방학이 되기 전부터 바다에서 노는 것을 즐겼다. 학교가 파하면 즉시 바다로 달려갔다. 우리는 옷을 벗어던지고 팬티만 달랑 입은 채로 물속으로 뛰어들었다. 그 어느 것도 우리에게 겁을 주거나 용기를 꺾지 않았다. 우리는 아직 어렸지만, 부모들은 우리를 믿어주었다. 우리 모두가 헤엄을 잘 쳤고, 모두가 다이빙의 달인이었다. 다이빙을 할 때마다 더 높은 바위를 찾아다녔고, 그런 바위의 꼭대기에서 가볍게 공중을 날아 완벽한 몸짓으로 물속에 들어갔다.

잠깐 사이에 바다가 나를 평온하게 만들어준다. 나는 다시 무스타파를 생각한다. 무스타파의 산산이 부서진 어린 시절과 내가 그 아이를 위로할 시간조차 갖지 못했다는 사실을 생각한다.

이튿날 아침, 나는 집에서 나와 신문을 산 다음 바의 식탁 앞에 앉아서 읽는다. 신문을 펼치자마자 한 기사가 눈길을 끈다. 내가 겉모습에 집착하는 사람들의 공범이 되어 있음을 보여주는 기사다.

며칠 동안 사람들은 신문, 텔레비전, 온라인 사이트 등 온갖 매체에서 페이버를 볼 수 있었다. 하지만 무스타파에 관해서는 거의 아무것도 볼 수 없었다. 그저 또 다른 아이가 바다에서 부모를 잃고 구조되어 팔레르모의 병원으로 옮겨졌다는 말이 있을 뿐이었다. 신문을 읽다 보니, 내가 나 자신도 모르는 사이에 어떤 도구가 되어 있다는 느낌이 들었다. 무엇이 뉴스나 특종이나 상징이 될 수 있는지를 결정하는 사람들의 조종을 받는 도구가 된 것 같았다. 내가 페이버에 이어 무스타파를 치료하고 보살폈지만, 그것은 관심의 대상이 되지 않았다. 내가 무스타파를 품에 안고 찍은 사진은 어디에도 실리지 않았다. 무스타파는 자기 어머니가 물너울에 휩쓸려 죽었다는 것을 알고 있었지만, 그 아이에게는 사람들이 관심을 보이지 않았다.

이렇듯 운명은 때로 냉소적이고 불공평한 양상을 보인다. 이제 무스타파의 앞길에는 무엇이 기다리고 있을까? 이 아이를 환영하는 새 가족이 곧 나타날까? 아니면 몇 달 또는 몇 해를 간절히 기다리고 나서야 어떤 아버지와 어머니를 만나 보살핌을 받게 될까?

그 무렵에 우리 섬에는 기자들이 넘쳐났다. 그들 가운데 하나가 내 당혹한 표정을 보더니 무슨 일이 있느냐고 물었다. 이야기를 조금 나누다가 내가 느끼고 있는 바를 말하자, 기자는 눈을 똑바로 뜨고 대꾸했다.

"선생님, 페이버나 무스타파 같은 고아가 얼마나 많은지 아세요? 바다 한복판에서 부모를 잃은 아이들이 있는가 하면, 이미 자기네 나라에서 부모를 잃고 고아원에서 살아가는 아이들도 있어요. 그런 아이들은 고아원에서 보호를 받고 있다기보다 전쟁이나 파괴 활동에 의해 아직 파괴되지 않은 건물에 피신해서 목숨을 부지하고 있는 거예요."

일리가 있는 말이었다. 문득 RAI 3 채널의 「지중해」라는 프로그램에서 본 르포르타주가 생각났다. 「지중해」는 그런 종류의 르포르타주를 자주 내보내는 보기 드문 프로그램이다. 내가 본 방송에서는 폭격으로 파괴된 홈스라는 시리아의 도시에 있는 한 고아원의 실상을 보여주었다. 이 고아원에는 가족 중에서 홀로 살아남은 아이들이 매일같이 들어오고 있었다. 나는 이 고아원의 한 소녀를 보고 충격을 받았다. 소녀는 그런 전란의 와중에도 용기를 잃지 않고 농담을 던지면서 웃었다. 아이는 방송 카메라를 바라보면서 영어를 안다고 으스대

는 표정을 지었고, 영어로 1에서 10까지 셀 줄 안다는 것을 과
시하기도 했다. 고아원의 직원들은 언제 다시 닥쳐올지 모르
는 폭격을 두려워하면서도 어려움을 무릅쓰고 수많은 아이들
을 돌보고 있었다.

기자는 내 옆에서 얘기를 계속했지만, 나는 귀 밖으로 듣고
있었다. 그러다가 기자가 무언가를 묻는 바람에 다시 그에게
관심을 기울였다.

"선생님, 고아가 된 아이들과 청소년들이 올해 얼마나 많이
이탈리아에 왔는지 아세요? 7천 명이에요. 그들은 자기네 나
라에서 가족을 잃고 떠났거나, 바다에서 가족이 죽는 것을 보
았어요."

7천 명. 엄청나게 많은 고아들이다. 상상하기도 어렵고 받
아들이기는 더욱 어려운 수치다. 하지만 이것은 우리가 계속
유념해야 할 수치이다. 수백 명, 수천 명의 사람들이 한 번에
우리 해안에 닿아 배에서 내린다는 사실은 이제 우리에게 익
숙해져 있다. 구조선에서 난민들이 내리는 장면은 텔레비전에
너무나 자주 나온다. 하지만 이 수치는 아주 중요하다. 한 해
에 7천 명의 고아들이 이탈리아에 온다. 모두 어린 나이에 삶
의 지표를 잃은 사람들이다.

그 수치에 우리는 응답을 주어야 한다.

옮겨 다니는 여자들

파두마, 37세, 소말리아 출신.

예루살렘, 15세, 에리트레아 출신.

그렇게 명단이 길게 이어진다. 내 USB 플래시 드라이브의 산부인과 환자 명단에는 진료 날짜별로 성인이든 아동기를 갓 벗어난 소녀이든 각자의 이름과 얼굴이 기록되어 있다. 그들 중에는 어머니도 딸도 아내도 있다. 나는 그들에게서 들은 이야기를 정리하여 기록 보관소 담당자처럼 꼼꼼하게 보관하고 있다.

내가 그렇게 하는 이유는 모든 게 그냥 망각되고 마는 것을 원하지 않기 때문이다. 그 여자들에게 마땅히 누려야 할 자리를 주기 위해 나는 유럽 전역에 걸친 그 비극적인 인생 역정을 이야기하고 싶다. 어느 한 여인의 이야기도 빠뜨리지 않고 들려주고 싶다. 이들의 이야기를 듣고 사람들이 지금의 상황을 이해할 수 있었으면 좋겠다. 나는 여인들의 이야기를 통해

지난 몇 년 사이에 무엇이 달라졌는지, 그리고 우리 앞에 어떤 시나리오가 기다리고 있는지 더 잘 이해하게 되었다.

파두마와 예루살렘. 서로 다른 나라에서 온 두 여자의 이야기는 완전히 상반된 것처럼 보인다. 하지만 야만으로부터 달아나겠다는 긴급한 욕구에 떠밀렸다는 점에서는 서로 다르지 않다.

파두마는 2016년 봄에 헬기를 타고 람페두사에 도착했다. 그날 오후 나는 조난자들을 구하러 온 군함의 함장으로부터 전화를 받았다. 구조된 사람들 중에 한 여자의 상태가 위중하다는 것이었다. 여자가 반신마비의 증상을 보이는 것으로 보아 뇌혈관 장애가 일어난 것 같다고 했다. 나는 촌각도 지체하지 말라고 함장에게 말했다. 그 진단이 맞는다면 아주 빠르게 대처해야 하는 상황이었다.

나는 헬기장으로 나갔다. 그러고는 파두마가 도착하자마자 동료들과 함께 응급처치를 하고 곧바로 병원으로 이송했다. 다행히도 허혈이 있는 건 아니었다. 마비는 배를 타기 전에 겪은 어떤 일에 기인한 것이었다. 어쨌거나 파두마의 병세는 위중했다. 조난을 당하면서 기력이 더 약해진 데다가 마비가 있는 탓에 움직이는 것 자체가 쉽지 않았다.

파두마는 나이가 서른일곱 살밖에 되지 않았는데 할머니처럼 보였다. 질병 때문에 얼굴은 일그러지고 몸은 아주 빼빼했다. 그래도 심신의 상처로 겉모습이 바뀌기는 했지만, 그녀가 본래 아주 아름다운 여자이었음을 짐작할 수 있었다.

파두마는 혼자서 여행길에 나섰다. 그녀가 무슨 사연으로 고국을 떠났는지 궁금했다. 보아하니 그녀는 이야기를 하고 싶어하는 듯했다. 도움이 절실하게 필요한 모양이었다.

그녀의 이야기는 고국에 일곱 명의 자식을 두고 왔다는 것과 셋째 아이를 낳고 나서 뇌졸중을 겪고 반신불수가 되었음을 알려주는 것으로 시작되었다.

그녀의 말투는 담담했다. 감정을 전혀 드러내지 않고 마치 남의 얘기를 하듯이 말했다.

"6개월 전에 내가 소말리아의 수도 모가디슈에서 남편과 함께 자식들을 거느리고 내 어머니를 모시며 살던 때의 일이에요. 어느 날 군인들이 우리 집에 들어왔어요. 아이들은 겁에 질려 있었어요. 우리 어른들도 겁을 먹기는 마찬가지였어요. 우리는 지하디스트들이 얼마나 심한 폭력을 자행할 수 있는지 잘 알고 있었어요. 그 군인들은 고함을 지르고 우리를 모욕하고 우리에게 협박을 가했어요. 남편은 우리가 잘못한 것이 있다면 모든 게 자기 탓이니 자기만 벌하고, 아이들과 여자들은 해치지 말라고 군인들에게 간청했어요. 남편은 그들이 나를 끌고 가거나 우리 딸아이들을 납치해 가지 않을까 두려워했어요. 우리 딸들이 그들의 강요를 이기지 못하고 민병대원들과 결혼하면, 폭력과 학대로 얼룩진 비참한 삶의 나락으로 떨어진다는 것을 잘 알고 있었으니 여간 두렵지 않았겠지요. 우리는 모두 땅바닥에 엎드려 있었어요. 겁에 질려 울면서도 소리를 지르지 않으려고 애썼어요. 그들의 화를 돋우지 않으려고 조심한 거예요.

내 남편은 정치 활동에 적극적으로 참여하는 사람이 아니었어요. 군인도 아니었고, 그들과 반대되는 분파에 소속되어 있지도 않았어요. 대립하는 양편의 어느 쪽에도 끼지 않고 언제나 그 밖에 있으려고 노력한 사람이에요. 그저 자기 일과 우리 가족만 생각했지요.

남편은 우리를 끌고 가지 못하게 하려고 그 남자들에게 계속 간청했어요. 그러자 그들은 방 한복판에 남편을 무릎꿇림하고는 목을 잘라버렸어요. 자식들이 보는 앞에서 아비의 목을 자른 겁니다. 그들은 짐승만도 못한 자들, 피에 굶주린 잔인한 맹수들이었어요. 나는 남편의 머리가 데굴데굴 구르다가 벽에 부딪혀 멈추는 것을 보았어요.

곧이어 그 사형집행인들은 냉소를 흘리며 놀리듯 우리를 바라보았어요. 그러고는 발길을 돌려서, 올 때처럼 급하게 가버렸어요."

나는 파두마의 얘기를 들으면서, 아르메니아인 집단학살이라는 비극적인 사건을 다룬 타비아니 형제의 영화 「종달새 농장」에 나오는 냉혹한 장면을 떠올렸다. 갑자기 두 장면 사이의 시간적이고 공간적인 거리가 완전히 사라지는 것 같은 기분이 들었다.

파두마는 이제 소말리아에 자기네 가족을 도와줄 사람이 아무도 없다는 것을 확인하고, 일자리를 구하기 위해 자식들을 어머니에게 맡기고 유럽으로 떠나기로 결심했다. 혼자서 자식들을 모두 데리고 갈 수도 없었고, 굶어 죽을 것을 각오하고 소말리아에 머물 수도 없었다. 이야기가 그 대목에 이르자, 파두마는 자기가 일자리를 찾을 수 있도록 도와달라고 부탁했다.

하지만 그녀에게 어떤 일자리를 구해줄 수 있을까? 그녀의 신체 조건을 놓고 보면 가사도우미로 일하기도 어려운 상황이 아닌가. 한 가지 해결책이 있다면, 그녀를 다시 소말리아에 데리고 가서, 일부 재단의 경제적 지원을 받게 하고 자식들이 외국에 입양되도록 도와주는 방법이 있을 것이다. 나는 그런 식의 해결책을 찾아보겠다고 그녀에게 약속했다. 그리고 지금 그 일을 추진하고 있다.

예루살렘은 열다섯 살이다. 파두마가 오고 나서 며칠 있다가 람페두사에 도착했다. 에리트레아에서 온 아주 아름다운 소녀이다. 벌써 숙녀의 느낌이 나지만 얼굴은 아직 앳돼 보인다. 그 소녀를 보고 있으니, 같은 나이이던 시절의 내 딸들이 생각난다. 그 애들의 무사태평한 태도도 생각나고, 아동기에서 사춘기로 넘어가면서 복잡한 양상으로 변해가던 모습도 생각이 난다.

그런 회상에 젖을 즈음 그녀의 목소리가 나를 놀라게 한다.

"선생님, 저 임신했을까봐 걱정이 돼요."

오 하느님, 또 한 소녀가 겁탈을 당한 것입니까.

나는 통역 겸 문화중재자와 함께 그녀 옆에 앉는다. 그녀의 이야기가 시작된다. 예루살렘은 가족이나 친척도 없이 한 무리의 남녀들과 함께 에리트레아를 떠났다. 긴 여행 끝에 에티오피아에 도착해서 이민 희망자들이 모이는 많은 수용소들 가운데 하나에 머물게 되었다.

"저는 그 여행의 대가로 800유로를 지불했어요. 에티오피아에 머물고 나서 우리는 수단으로 옮겨져서 두 달 동안 머물렀어요. 그런 다음 리비아로 이송되었어요."

"그런데 왜 임신이 되었다고 생각하니? 성폭력을 당했니? 아니면 합의하에 성관계를 가졌니?"

228

예루살렘은 서둘러 대답했다.

"아, 아니에요. 폭력을 당하지도 않았고 합의하에 성관계를 갖지도 않았어요."

예루살렘은 네 달째 생리를 하지 않고 있다면서, 에티오피아의 수용소에 머물 때 사람들이 자기에게 주사를 놓았다고 덧붙인다. 강간을 당할 경우에 임신이 되는 것을 막기 위해 주사를 놓는 거라고 그들이 말했다고 한다. 그 말을 듣는 순간 나는 깨달았다. 사람들이 그녀에게 주사한 것은 호르몬의 균형을 깨뜨리는 약품이었던 게 분명하다. 그렇게 강제적인 방식으로 피임을 하게 되면 조기 폐경을 겪을 수 있다. 일시적으로 피임 효과를 볼 수는 있지만, 그 결과가 아주 부정적이다. 특히 신체가 완전히 성숙하지 않은 청소년을 상대로 그런 방식을 사용하는 것은 매우 위험한 일이다.

예루살렘의 말에 따르면, 그런 일은 흔히 벌어지고 있다. 인신매매업자들은 그것을 강요하지 않는다고 한다. 그저 주사를 요구하는 여자들에게만 놓아준다는 것이다. 나로서는 그 말을 믿을 수가 없다. 혼자 여행하는 여자들이 임신을 하지 못하도록 주사를 놓는 자들은 무엇을 노리는 것일까? 그들은 여자들이 유럽에 도착하면 그녀들에게 성매매를 강요하려는 자들이다. 여자들이 임신을 하면 일이 복잡하게 꼬이기 때문에 그자들은 그런 상황을 피하기 위해 여자들을 일시적으로 불임 상태에 빠뜨리는 것이다.

그런 밀거래를 꾸미고 주도하는 자들은 갓난아기들 때문에 일이 복잡해지는 것을 원치 않는다. 특히 부족의 관습에 따라 통과의례를 거친 여자들을 이송하는 자들이 그러하다. 장차 그들의 노예가 될 여자들은 여행이 끝나면 무슨 일이 닥칠지를 전혀 모르는 채로 자유롭게 지낸다. 그렇게 매이지 않고 지내다가 갑자기 시장에서 팔려나가는 신세가 된다.

나는 예루살렘이 정말 임신했는지를 알아보기 위해 초음파 검사를 한다. 임신이 아니다. 내가 그렇게 말하자마자, 그녀의 얼굴이 밝아진다. 안심한 기색이다. 앞서 거짓말을 했던 게 분명하다. 예루살렘은 우리에게 진실을 말하지 않았다. 그 가냘 픈 몸이 겁탈을 당한 것이다. 헤아릴 수 없이 많은 다른 가엾은 여자들이.

여기에서 우리가 간과하지 말아야 할 것이 있다. 그렇게 일시적으로 임신하지 못하게 하는 주사를 맞는 여자들이 아주 많다는 점을 고려하면, 성폭력을 당하는 여자들의 수가 훨씬 많다고 볼 수밖에 없다. 그 여자들은 폭력을 당하고도 임신을 하지 않았다는 이유로 아무 말도 하지 않고 그냥 넘어간다.

나는 예루살렘에게 왜 자기 나라에서 도망쳐 나왔는지 물었다.

"에리트레아에서는 이제 살 수가 없기 때문이에요. 저는 공부를 해서 중요한 사람이 되고 싶어요. 그런 다음에 어머니와 형제들을 데리러 갈 거예요. 제가 성공하면 그들을 데려오고 싶어요."

그 말에 내 가슴이 뭉클했다. 내가 바랐고 지금도 바라고 있는 것은 하나뿐이다. 예루살렘이 성매매의 조직망에 빠지지 않기를, 그리고 어떤 단체나 기구가 그녀를 받아들여 아직 미성년자인 그녀가 자기 꿈을 실현해나가도록 도와줄 수 있기를 바랄 뿐이다.

2013년 10월 3일

2013년 10월 3일. 내가 발작을 일으킨 지 한 달이 지났다.
공식적으로 나는 회복기에 있었지만 퇴원한 지 며칠 지나서
일을 다시 시작한 터다. 내 얼굴의 근육 일부는 아직 약간 뻣
뻣하고, 한쪽 다리는 제멋대로 논다. 그리고 내 말들은 아직
입에서 유창하고 또렷하게 나오지 않는다. 그럼에도 불구하고
나는 다시 잘 지내는 편이다.

내 협력자들은 조금 더 휴식을 취하도록 나를 설득하려고
했다. 하지만 그들은 그렇게 말해봐야 아무 소용이 없다는 것
을 잘 알고 있다. 실제로 나는 싸움터로 다시 돌아가야만 내
질병을 결정적으로 물리칠 수 있을 것이다.

람페두사에 돌아와서 나는 생각을 거듭하며 처음 며칠을
보냈다. 그러면서 우리 섬을 이리저리 돌아다녔다. 바다 냄새
를 다시 맡고 싶었고, 눈을 아름다움으로 가득 채우고 싶었다.
다른 곳에서 찾아볼 수 없는 작은 천국의 아름다움, 야생적인

성격을 지켜낸 작은 천국의 아름다움으로 말이다. 또한 배를 타고 나가서 주위로 뛰어오르는 돌고래들을 경탄하며 바라보기도 했다. 어부들과 마주치면, 몇 년 동안 내 삶과 노동의 동행자였던 그들과 한참 이야기를 나누었다. 나는 그들과 함께 일하고 함께 어려움을 겪었다. 내가 직업적으로 그들과 다른 길을 가고 있지만, 그때의 노력과 희생이 나에게 도움을 주었다. 그리고 우리의 길이 서로 갈라진 것은 전혀 문제가 되지 않는다.

람페두사는 쉽게 살아갈 수 있는 섬이 아니다. 땅거죽의 이 작은 덩어리는 아프리카에서 떨어져 나와 유럽 쪽으로 조금 나아간 자리를 차지하고 있다. 두 대륙 사이에 놓인 다리와 비슷하다. 지질학적인 어떤 변덕 때문에 땅거죽의 생김새뿐만 아니라 그 주민들의 운명이 결정된 듯하다.

10월의 그날 밤, 공기는 따뜻했다. 대규모 난민이 두 차례 하선하고 난 직후다. 그 배들에는 많은 난민들, 모두 시리아에서 온 난민들이 타고 있었다. 예전엔 부유하고 번창하던 그 나라에서 전쟁이 터진 뒤로, 점점 더 많은 사람들이 우리 섬으로 온다. 특히 가족들이 많이 온다.

그들의 도착은 한 가지 중요한 문제를 야기했다. 수용 센터에 모인 사람들이 잘 머물 수 있도록 해주는 것은 아주 어려운 일이다. 그들의 종족과 종교가 서로 다르다는 점을 고려하지 않으면 안 된다. 그리고 아이들과 홀로 온 여자들은 남자들이나 가족을 이루고 있는 사람들과 함께 묵게 할 수 없다. 그건 외면할 수 없는 중요한 문제다.

갓 하선한 시리아 사람들은 아직 부두에 있다. 그들은 기다리면서 자기들이 어디에 머물게 될지 얼마나 오래 머물게 될지 궁금해한다. 이날은 람페두사 역사상 가장 슬픈 날이 될 것이다.

그 10월 3일 아침 7시 30분, 나는 항만관리사무소 소장의 전화를 받았다.

"선생님, 바로 부두에 나와주십시오. 배 한 척이 조난을 당했어요. 희생자들이 많습니다."

"나는 아직 부두에 있어요, 소장님. 간밤에 배 두 척이 와서 방금 하선을 끝냈거든요. 여기에서 기다릴게요."

15분이 지나자 8미터 길이의 배 한 척이 부두로 다가온다. 비토 피오리노의 배 '가마르'호다. 그는 내가 잘 아는 어부다. 그는 이따금 관광객들을 바다로 데리고 나가 소풍을 시킨다. 전날, 그는 여덟 명의 승객을 태우고 나갔다. 그들 중에는 그라치아가 있었다. 그녀는 좋은 계절에 종종 람페두사에 온다.

그녀의 여동생은 이곳에서 가게를 운영하고 있다. 나는 멀리에서 그녀가 우는 것을 본다. 그녀는 충격 상태에 빠져 있다. 그건 그 엄청난 비극의 강력한 첫 이미지가 될 것이다.

그들은 모두 타바카라로 바다낚시를 떠났다. 그곳은 경이로운 수역이다. 밤에 눈을 들어 하늘을 보면 별이 총총한 잊지 못할 장관을 볼 수 있다. 관광객들은 거기에서 밤을 보내고 이튿날 새벽이 되어서야 돌아오곤 한다.

첫새벽에 가마르호의 승객들은 모두 자고 있었다. 그때 갑자기 그라치아와 동행한 승객이 어떤 목소리를 들었다. 목소리는 점점 커지고 있었다. 아우성에 가까웠다.

"갈매기들이 내는 소리일 거야. 아니면 우리보다 시끄러운 관광객들의 소리겠지."

그라치아는 그 남자 승객을 달래기 위해 그렇게 말했지만, 남자는 선장에게 소리가 나는 쪽으로 가자고 부탁했다. 배가 다가갈수록 소리가 더욱 강해지고 분명해졌다. 조금씩 눈에 들어오는 광경에 가마르호 승객들은 경악을 금할 수 없었다.

도움을 청하는 사람들과 생명을 잃은 사람들이 바다에 가득했다. 그들을 태우고 온 배의 흔적은 어디에도 없었다. 이미 침몰되어버린 것이다.

500명도 더 되는 사람들이 해안가를 코앞에 두고 겁에 질려 있었다. 어떤 사람들은 헤엄을 치기 시작했고, 어떤 사람들은 곧바로 물에 잠겨버렸다. 그런가 하면 화물창에 있던 사람들은 빠져나오지 못하고 그대로 갇혀 있었다. 물결은 생존자들과 희생자들을 토끼섬 쪽으로 이끌었다. 그런 상황에서 비토와 관광객들이 그들을 발견한 것이었다.

가마르호에 일대 혼란이 빚어진다. 관광객들은 되도록 많은 조난자들을 구하기 위해 팔을 길게 뻗고 손을 내밀었다. 한 관광객은 물에 뛰어들어 그 불행한 사람들이 배에 오르도록 도와주고 배에 머물러 있는 사람들이 그들을 건져 올리도록 밀어준다. 3시간 동안 49명의 조난자들이 구조되었다. 조난자들을 더 배에 태우는 것은 불가능하다. 더 태우다가는 비토의 배마저 침몰할 염려가 있다.

구조된 사람들이 물에 흠뻑 젖고 경유에 전 몸으로 부두에 닿는다. 일부 생존자들은 부두에서 즉시 치료를 받고, 다른 생존자들은 응급실로 보내진다.

그라치아는 계속 눈물을 흘리면서, 자기가 본 것이 믿기지 않는다는 듯 되뇐다.

"바다에 시체가 가득했어. 시체가 가득했다고."

그래서 우리는 재난이 엄청난 규모라는 것을 알아차린다.

몇 분 뒤에 다른 어선이 다다른다. 라파엘레의 배이다. 그 경험 많은 선장이 조작을 잘못해서 배가 부두에 부딪힌다. 우리는 선원들을 도와 배를 밧줄로 매어두고 배에 오른다. 라파엘레는 부들부들 떨고 있다. 나는 그의 그런 모습을 본 적이 없다. 그는 여러 번 죽을 고비를 넘긴 노련한 바닷사람이 아닌가. 그가 절망에 잠긴 목소리로 말한다.

"피에트로, 내가 평생을 바쳐 항해를 했지만, 이런 일이 일어난 건 처음일세."

그가 실어 온 생존자는 20명이다. 그들 모두 심한 고통을 겪고 있다. 가마르호와는 달리 라파엘레의 어선에는 승선을 쉽게 할 수 있게 해주는 발판이 없다. 그래서 그는 바다에서 허우적거리는 조난자들을 붙잡아 배에 태우기 위해, 선원들이 뒤에서 다리를 잡아주는 동안 배 밖으로 몸을 기울여야만 했다.

그가 계속 부들거리면서 말을 잇는다.

"내가 그 사람들을 붙잡으려고 하는데 자꾸 내 손가락들 사이로 빠져나가더라고. 그들 몸이 경유에 절어서 너무 미끄러운 거야. 마치 그들 몸에 기름을 발라놓은 것 같더라고. 내 손에서 미끄러져 나간 사람들은 물속에 풍덩 빠져서 다시 떠오르지 않기가 십상이었어. 피에트로, 정말이지 나는 그들을 되도록 많이 구하려고 애썼네. 하지만 내가 뜻한 대로 일이 되지 않았어. 안타까워, 너무 안타까워……."

한편으로 라파엘레는 자기 그물로 네 구의 시신을 건져 올리기도 했다.

나는 시신들을 차례차례 검안한다. 그들 가운데 세 명은 몇 시간 전에 죽었다. 네 번째는 아주 예쁜 소녀의 시신이다. 라파엘레는 자기가 무엇을 보았는지 계속 이야기한다. 자기도 모르게 자꾸자꾸 말하는 것이다.

"피에트로, 시체들이 바다를 이루고 있었어."

그는 결국 울음을 터뜨린다.

"어디에나 시체들이 둥둥 떠다니는 거야. 살아 있는 사람들은 나한테 달라붙었어. 정말이지 너무나 무서웠어."

그가 말하는 동안, 나는 소녀 시신의 손목을 짚어본다. 다른 시신들과 달리 심장이 경직된 징후가 나타나지 않는다. 방금 전에 죽은 것일까…… 갑자기 그녀의 심장이 뛰고 있다는 느낌이 든다. 나는 라파엘레에게 "쉿, 조용히 해봐요"라고 말한 다음, 정신을 집중한다. 소녀의 심장이 아직 뛰고 있다. 아주 약하지만 분명히 뛰고 있다. 소녀는 아직 살아 있지 않은가. 나는 얼른 소녀를 품에 안는다. 라파엘레는 초인적인 힘으로 우리를 번쩍 들어 올린다. 그러고는 뱃전이 아주 높은데도 소녀를 안고 있는 나를 부두에 내려놓는다. 촌각을 지체할 수 없는 상황이다.

238

우리는 소녀를 보건소로 데려간다. 그런 다음 경황없이 20분을 보낸다. 먼저 옷을 벗기고, 한 사람이 소녀의 숨관에 튜브를 꽂자, 다른 사람이 소녀의 입과 허파 안에 들어 있는 짠물과 경유를 뽑아낸다. 나는 마취과 의사의 도움을 받아 심장마사지를 계속한다. 가슴을 압박하기, 공기를 들이마시기, 숨을 불어넣기 하는 식으로 심폐 소생술이 이어진다. 우리 몸속에서 아드레날린의 양이 갑자기 증가한 듯, 긴장이 고조된다. 아주 길게 느껴지는 20분이라는 시간이 지나고 나자, 모니터에 회생의 징후가 나타나기 시작한다. 소녀의 심장이 다시 뛰기 시작한 것이다. 처음엔 미약하더니 점점 강해지면서 규칙성을 되찾는다. 믿기지 않는 일이 벌어진다. 이건 기적이다. 모두가 기쁨의 눈물을 흘린다.

케브라트라는 이름의 그 소녀가 위험한 상황을 벗어났다. 우리는 그녀를 구급차에 실어 헬기장으로 데려가고, 헬기는 그녀를 태우고 팔레르모로 날아간다.

마음이 뿌듯하다. 25년 동안 구조 활동을 하면서 이런 감동을 느껴보는 것은 처음이다. 하지만 지금은 축하 잔치를 벌일 때가 아니다.

우리가 그러는 사이에 군과 경찰에 소속되어 우리 섬에 와 있던 모든 모터보트들이 바다로 나갔다. 다른 일에 매여 있지 않은 사람들은 모두가 재난 현장으로 모여들었고, 사용할 수 있는 도구와 장비들은 무엇이든 동원되었다.

나는 다시 부두에 나가 다른 생존자들을 맞이할 채비를 한다. 하지만 배들은 그저 시신들만 날라 온다. 몇 시간 만에 시신들의 수가 111구로 늘어난다.

파발로로 방파제에 녹색과 검은색의 자루들이 길게 줄을 잇는다.

나는 첫 번째 자루 주위를 한 바퀴 돌고 나서, 그것을 연다. 자루 안에는 한 아이가 들어 있다. 천사처럼 예쁜 그 아이는 빨간색 바지를 입고 있다. 그렇게 멋진 옷차림을 하고 새로운 삶을 시작하려 한 듯하다. 그런데 해안경비대의 군인들은 아이를 갈고리 달린 장대로 물에서 끌어올렸다. 이 갈고리가 평소에는 다른 배에 걸기 위해서나 바다에 떠다니는 물건들을 건져 올리기 위해서 사용하던 것인데, 이번에는 생명을 잃은 육신들을 낚아 올리는 데 사용된 것이다. 아이는 8구의 시신에 둘러싸인 채 떠다니고 있었다. 무척 예쁘게 생긴 이 아이는 마치 살아 있는 것처럼 보인다. 나는 아이를 품에 안고 잠에서 깨우려는 듯 흔들어보고 맥박을 짚어본다. 기적이 또 다시 일어나지는 않는다.

사체검안이 이어진다. 나는 자루들을 차례차례 열어나간다.

그 불행한 사람들 중에서 스무 명쯤 되는 이들은 입에 십자가 달린 금 사슬을 물고 있다. 마치 죽기 전에 자기들의 영혼을 하느님에게 맡기자는 뜻으로 그것을 윗니와 아랫니 사이에 놓고 꽉 물었던 것만 같다. 그날 이후로 나는 종종 십자가를 물고 있는 입들을 꿈에서 본다.

한 자루에는 여자의 시신이 들어 있다. 아기를 갓 분만하고 죽은 여자이다. 탯줄이 아직 그녀의 몸에 달려 있다. 우리는 그녀와 아기를 같은 관에 함께 담는다. 플러시 천으로 된 곰 인형도 함께.

그러고 보니 관들과 관련된 문제가 생겼다. 수십 개의 관들이 필요한데 그것들을 어디에서 구하지? 그리고 나중에 그 관들을 어디에다 두지? 부두에 람페두사의 행정을 책임지고 있는 주시 니콜리니가 나와 있다. 나는 그에게 말해서 냉동트럭들이 부두에 오게 한다. 그리고 관들을 더 구해서 부두로 가져오게 한다. 우리는 이리저리 주선하여 관들을 옛 비행장 안과 공항의 격납고 내부에 모아두기로 한다. 달리 방법이 없다.

보름 동안, 일들이 비슷한 리듬으로 이어진다.

모터보트들은 바다에 나가 시신들을 거두어들인다. 잠수 요원들은 바다의 밑바닥을 뒤져 생명을 잃은 어른들과 아이들의 유해를 건져 올린다. 우리 의료진은 인체의 조직과 뼛조각을 채취하여 희생자 368명이 정확하게 누구인지 알아내려고 애쓴다. 과학수사요원들은 우리가 희생자들을 관에 담도록 도와준다. 우리를 도우라고 파견된 법의관들은 어렵사리 이 상황을 견디어나간다. 하기야 수많은 고통과 마주했던 사람들조차 견디기 어려워하는 상황이니 그럴 만도 하다.

심리 상담사들도 우리 섬에 파견되었다. 조난 사고에서 살아남은 사람들과 구조 작전에 참가한 사람들을 돕기 위해서다. 누구보다 먼저 도움을 받아야 할 사람들은 잠수 요원들이다. 그들은 혹독한 시련을 겪는다. 화물창에 갇혀 있는 시체들을 마주하고 수많은 아이들의 생명 없는 얼굴을 대하는 것은 참으로 어려운 일이다.

나에게도 심리적 지원이 필요할 텐데, 관계 당국이 나 같은 사람까지 배려하지는 않는다. 나는 무섭도록 외로움을 느끼고 불안에 빠지지만, 실의에 빠질 수가 없다. 할 일이 너무 많기 때문이다.

공항 격납고에 줄느런히 놓여 있는 368개의 자루를 바라보니 가슴이 미어졌다. 관에 시신을 넣고 봉할 때는 가슴이 더욱 쓰라리게 찢어지는 듯했다. 며칠 뒤에 우리는 람페두사 읍장이며 본당 신부와 함께 한 가지 결정을 내렸다. 쉽지 않은 결정이었다. 구조를 받고 수용 센터에 머물고 있는 생존자들이 관 속에 들어간 가족과 친구들에게 마지막 인사를 할 수 있도록 몇 대의 버스를 대절하자는 것이었으니까 말이다.

생존자들은 도착하자마자 나직한 소리로 울음을 터뜨렸다. 저마다 관 하나를 마주하고 흐느꼈다. 관 속에 누가 들어 있는지는 전혀 중요하지 않았다. 그러다가 한 사람이 처절한 절규를 쏟아냈다. 그 거대한 임시 영안실에 갑자기 비극의 메아리가 울렸다.

고통이 더없이 강한 힘으로 몰려왔다. 그건 지나는 길에 있는 모든 것을 휩쓸어가는 물결 같았다. 그리고 우리는 문득 깨달았다. 우리가 몇 주일 동안 호흡을 멈추고 미결 상태에서 살았다는 것을 말이다. 마치 현실 세계보다 더 생생한 어떤 가상 세계에 투사되었다가 돌아온 기분, 갑자기 의식을 되찾은 기분이 들었다.

우리는 격납고의 문을 열고, 생존자들을 내보냈다. 어쩌면 그들을 오게 한 것은 우리의 실수였는지도 모른다. 생존자들의 처지에서 보면, 희생자들과 마지막 인사를 나누는 것은 길동무들의 잔인한 결말을 확인하는 것일 뿐만 아니라 자기네 희망이 산산이 부서진 것을 확인하는 너무나 드세고 난폭한 장면이었다. 그런 장면을 마주할 준비가 되어 있는 사람이 누가 있으랴.

그 뒤로 며칠이 지나도록 고통은 자꾸자꾸 되살아났다. 공동묘지에서는 여러 시신들의 매장이 이루어졌다. 다수의 섬사람들이 자기네 가묘의 벽감실이나 가족 무덤에 그 엄청난 비극의 희생자들을 맞아들이기로 결정했다. 그런가 하면 항구에서는 전혀 다른 광경이 벌어졌다. 우리 섬의 공동묘지에 자리를 얻지 못한 관들은 시칠리아로 보내기로 되어 있었다. 그래서 기중기들이 관들을 배에 싣고 있었는데, 희생자들의 부모나 형제자매는 그것을 방해하기 위해 관 위에 드러누워 있었다.

희생자들의 친족이 유럽의 이곳저곳에서 섬을 찾아오기도 했다. 그들은 친족의 관에 새겨진 번호 옆에 고인의 사진을 한 장이라도 붙일 수 있게 해달라고 요청했다.

며칠 동안 람페두사 섬사람들은 그 전례 없는 사건에 대처하기 위해 전력을 다하였다. 섬의 이쪽 끝에서 저쪽 끝까지 진정한 연대의 행진이 이어졌다. 아주 많은 가족들이 자기네 집의 문을 열어 생존자들을 맞아들이고 보살펴주었다. 한편으로 우리는 제때에 빠르게 대응하지 못하는 행정 관청에 맞서 싸움을 벌여야 했다. 읍장과 나는 몇 시간 동안 전화로 고성을 질러가며 언쟁을 벌였다. 그것은 우리가 서로를 이해하고 구체적인 해결책을 찾아가는 유일한 방식이었다.

몇 달 동안 우리는 다른 것을 생각할 수 없을 정도로 그 비극에 매여 살았다. 우리가 알아차리고 있었듯이, 그 2013년 10월 3일은 우리 섬의 역사를 아주 바꿔버렸다.

이듬해에 우리 섬은 논쟁과 이의 제기에도 불구하고 그 비극적인 사건의 1주기를 맞아 추모 행사를 가졌다. 그때의 생존자들 대다수를 다시 만나는 것은 우리 섬사람들에게 큰 감동을 주었다. 생존자들은 람페두사를 떠나 유럽 여러 나라에 먼저 와 있던 친척이나 친구들을 만나러 갔었다. 그들은 비행기에서 내려 자기들을 환대하고 도와주었던 섬사람들을 다시 만났다. 사람들은 서로 끌어안고 눈물을 흘렸다. 그건 가슴을 뭉클하게 하고 해방감을 안겨주는 순간이었다.

하지만 모두에게 그랬던 것은 아니다.

나 역시 공항 한구석에 있었다. 도착 구역의 미닫이들이 계속 열리고 닫혔다. 나는 승객들이 마중 나온 사람들을 향해 달려가는 모습을 지켜보았다. 마중 나온 사람들은 비록 며칠 동안이기는 하지만 조난 직후에 생존자들을 보살펴주었던 사람들이다.

문이 열릴 때마다 내 희망은 조금씩 줄어들었다. 생존자가 마지막으로 한 명 더 나왔을 때, 나는 내 바람이 이뤄지지 않앉음을 사실로 받아들였다. 케브라트는 오지 않았다. 내가 죽음에서 구해낸 그 아름다운 소녀를 다시 만날 수 없을 것이었다. 케브라트는 스웨덴에 머물러 있는 쪽을 선택했다. 아마도 그 잔인한 추억들을 되새길 용기가 없었을 터였다.

　나는 슬픔이 엄습해오는 것을 느꼈다. 텔레비전과 라디오의 방송 팀들이 잔뜩 몰려와 있었다. 나는 그들 사이로 빠져나가서 혼자 집으로 돌아갔다.

똑같은 바다의 자식들

조타실. 케네디호, 40년 동안 우리 가족을 살게 해준 그 어선에서 내 기억에 선명하게 남아 있는 것은 바로 그것이다. 내 아버지는 생애의 마지막 날까지 어선의 키를 조종하고자 하셨다. 아버지는 이미 암에 걸린 뒤에도 케네디호에 다시 젊음을 주기로 하셨다. 어선을 개수하고 현대적인 장비를 설치하고 아주 커다란 선실을 지으셨다.

케네디호는 아버지의 집이나 다름없었다. 아버지는 그 배에서 햇살이 좋은 날을 보내기도 하고 폭풍우가 몰아치는 날을 보내기도 하셨으며, 홍어의 밤이나 풍어의 밤을 보내기도 하셨다. 케네디호는 희생과 생존의 동의어였다. 아버지에게 이 배는 모든 것이었다.

아버지가 돌아가셨을 때 우리는 케네디호를 로마 남쪽에 있는 안치오의 어부들에게 팔아야만 했다. 그들이 배를 가지러 오던 날, 나는 그들이 배를 타고 떠나는 것을 보면서 아이처럼 울었다.

　바로 그 케네디호를 타고 바다에 나가서 나는 헤엄치기와 고기잡이를 배우고 '뱃심이 두둑해지는 법'도 배웠다. 또한 참다운 노동과 자기희생을 배우기도 했다. 나는 이 배를 타고 다니면서 아버지와 함께 더없이 아름다운 순간들을 보냈다. 아버지는 나를 강하고 용감한 사내로 만들고 싶어하셨다. 그런가 하면 나는 아주 고통스러운 순간들을 보내기도 했다. 하마터면 목숨을 잃을 뻔한 적도 있다. 아버지는 배고픔과 풍어의 기쁨을 알게 해주셨다.

　내가 케네디호 덕분에 배운 것 중에서 무엇보다 소중한 것은 바다를 사랑하는 법, 죽음의 바다가 아니라 생명의 바다를 사랑하는 법이다. 케네디호 덕분에 내가 바다 없이는 살아갈 수 없다는 것을 배웠고, 나에게 바다가 꼭 필요하다는 것을 배웠다.

　아버지에게도 바다는 모든 것이었다. 병이 깊어지기 시작하자, 아버지는 케네디호에 타는 것을 그만두고 우리의 오래된 배인 '뻴라끼에라'를 다시 타셨다. 이 배는 내가 소년 시절에 소풍 나가는 관광객을 태워주었던 배이고, 큰 선박이 항구에 정박하지 못할 때 승객들을 데려오기 위해 탔던 바로 그 배이다. 나중에 나는 어쩔 수 없이 이 배가 더 탈 수 없는 폐선이 되었음을 인정해야만 했다. 이 배를 선박 등록부에서 삭제하기 위해 항만관리사무소에 갔을 때, 나는 이 배의 나이가 102세라는 사실과 내 증조부 시절의 이 배 이름은 '가에타니노'였다는 사실을 알게 되었다. 그러니까 이 배는 바르톨로 가문의 여러 세대와 깊은 인연을 맺은 것이었다.

생애의 마지막 몇 개월 동안, 아버지는 자주 나에게 함께 부두에 나가서 당신이 배에 타는 것을 도와달라고 하셨다. 더는 혼자서 배를 타실 수 없는 나이였다. 하지만 내가 당신과 함께 배를 타고 바다에 나가는 것은 허락하지 않으셨다. 하기야 나는 함께 바다로 나가자고 해도 갈 수 없는 상황이었다. 보건소에 가서 일해야 했으니 말이다.

아버지가 뻴라끼에라호를 타고 나갔다가 돌아오시면, 언제나 배에 물고기가 가득했다. 그런 아버지를 두고 많은 사람들이 너무 고집이 세다고 투덜거렸다. 나 역시 아버지에게 여쭤보았다. 이제 기력도 예전 같지 않으신데 왜 그렇게 바다로 가겠다고 고집을 부리시느냐고. 아버지의 대답은 이러했다.

"그게 나의 유일한 무기이기 때문이야. 나를 삼키고 있는 괴물에 맞서 싸우려면 이 무기가 필요해. 배를 타고 나가는 게 내 인생이야."

그래서 나는 아버지가 잔뜩 잡아온 고기를 가지고 배에서 내리도록 도와드렸다. 아버지의 얼굴은 언제나 소금기에 절어 허옇게 변해 있었다. 얼굴에 튄 바닷물이 따가운 햇살에 마르면서 일종의 흰 가면이 생겨나는 셈이었다. 그것은 얼굴을 가리기보다는 무언가를 드러내는 가면, 이를테면 아버지의 진실성을 보여주는 가면, 아버지의 삶에는 어느 것 하나도 거짓된 것이 없음을 말해주는 가면이었다.

나는 며칠 동안 바다에서 물결치는 대로 표류해온 불행한 사람들의 검은 얼굴에서 또 다시 그 가면을 본다. 그 가면들을 볼 때마다 나는 아버지를 다시 생각한다. 우리는 모두 똑같은 바다의 자식들이다.

아버지는 늘 피로가 쌓인 지친 모습으로 돌아오셨지만, 의욕이 꺾인 모습을 보이신 적은 없었다. 아버지가 겪는 고통은 나날이 심해져갔다. 때로는 눈물이 얼굴을 타고 흘러내렸다. 그러면 햇살을 받아 얼굴에 들러붙어 있던 소금이 녹아내렸다. 그야말로 소금 눈물이었다.

그러던 어느 날, 아버지는 부두에 함께 가자고 권하던 것을 그만두셨다. 암의 기세를 막을 수 없게 된 것이었다. 어느 날 아침, 아버지가 나를 침대 머리맡으로 부르셨다. 아버지의 목소리가 들릴락 말락 했다.

"피에트로, 한 가지 부탁할 것이 있다. 꽃으로 관을 만들어서 머리에 씌워주고, 나중에 그 화관을 바다에 던져라."

그러고 나서 아버지는 나에게 입을 맞추고 영원히 눈을 감으셨다.

장례식 날, 나는 꽃집에 가서 아주 아름다운 화관을 만들어 달라고 했다. 그런 다음 리본에 간단하고 평범한 말을 적었다. "아빠에게"라고.

장례가 끝난 다음 나는 뻴라끼에라를 타고 먼바다로 나갔다. 그러고는 화관을 집어 바다에 던졌다. 아버지의 소원은 이루어졌다.

25년의 삶과 일에 관해서 이야기를 들려주자는 아이디어가 나왔다. 람페두사 보건소에서 리디아 틸로타와 인터뷰를 할 때의 일이었다. 우리 뒤에는 니노 란다초가 찍은 사진들이 붙어 있었다. 그는 2013년 10월 3일의 비극을 가장 먼저 다큐멘터리로 만든 언론인이다.

그 스냅사진들 앞에서 시작된 이야기가 오늘날까지 이어지고 잔프랑코 로시의 아주 아름다운 영화 「화염의 바다」에 의해 더 높은 차원으로 발전되었다. 말이 나온 김에 로시 감독에게 먼저 감사의 말을 전하고 싶다.

25년 전부터 우리와 서로 협력하면서 일하고 있는 공조직과 공공단체—항만관리사무소, 해안경비대, 재무경찰, 국가경찰, 카라비니에리, 소방대—에도 특별한 감사를 표하고 싶다. 내가 '바다의 천사들'이라고 이름 붙인 그 젊은이들은 날씨가 좋든 궂든 매일같이 용기와 희생정신과 인간애를 가지고 남자와 여자와 아이들을 구하러 나간다. 때로는 시신을 찾으러 심해로 내려가기도 한다.

나를 지지하고 도와주고 일상적으로 받쳐주는 보건소의 남녀 동료들, 바다를 통해 우리 섬에 오는 사람들을 맞이하기 위해 파발로 방파제에 나와 손길을 보태는 자원봉사자들, 통역 겸 문화중재자들, 친절하고 너그러운 람페두사 섬사람들에게도 감사의 마음을 전한다.

파올라 마셸라에게 감사한다. 그 이유는 그녀가 알 것이다.

내 가족—오래 전부터 나와 동행하고 있는 리타, 내 선택과 사회 참여를 지지해주는 그라치아와 로산나와 자코모—에게도 감사한다.

내가 소속되어 있는 팔레르모 보건 공사에도 감사를 표하고 싶다. 이 공공기관은 나에게 끊임없이 물적·인적 지원을 해주고 있다.

끝으로, 언제나 묵묵히 일하는 나의 소중한 벗 밈모 신부님에게 감사하고 싶다.

— 피에트로 바르톨로

먼저 피에트로 바르톨로에게 감사를 드리고 싶다. 그는 자기 이야기를 기록하기 위해 나를 선택했고, 한 생애의 추억들을 나에게 들려주었다. 그것들을 모아 원고를 작성하는 것은 결코 쉬운 일이 아니었다. 며칠 낮 며칠 밤에 걸쳐서 우리는 그 일을 함께 했다. 각각의 이야기, 각각의 일화가 한 목소리로, 순결무구한 감동을 안겨주는 그의 목소리로 전달되었다. 그건 강렬하고 참된 증언이었다. 우리는 초고를 다시 읽고 그의 영원한 동반자인 리타와 함께 다시 썼다.

두 번째로 우리 편집인 니콜레타 나차리에게 감사하고 싶다. 넘어야 할 장애들이 많은 복잡한 길의 이쪽 끝에서 저쪽 끝까지 나를 한 걸음씩 이끌어주면서 자기 임무와 일에 매이지 않고 우리와 동행한 사람이다.

몇 달 동안 나를 지지하고 자극하고 격려해준 나의 '크디큰 가족' 구성원 모두에게 감사를 표하고 싶다. 먼저 내 인생의 반려자 살보와 내 아들 주세페에게. 그들은 나의 가장 좋은 비평가들이다. 나의 두 번째 아버지와 내 형제 니노에게 감사한다. 나의 자매 카르멜라와 나의 친구 실바나에게도 감사한다. 그들은 이 여정의 초기에 나를 도와주었다. 무엇을 어떻게 해야 하는지 아는 사람들이다.

내가 일하는 방송사 RAI와 우리 지역방송국에도 고맙다는 말을 해야겠다. 이들 덕분에 나는 오늘날에도 두 대륙을 오가면서, 전쟁과 독재와 가난을 피해 도망쳐야 했던 사람들의 이야기를 전할 수 있다.

작곡가 에치오 보소에게 감사한다. 그의 음악은 이 책에 실린 글들의 배경음악이 되었다.

이 책은 그저 하나의 증언이 되고자 한다. 글로 적되 아무것도 거르지 않았고 아무 감미료도 첨가하지 않았다. 그건 쉽지 않은 일이었다.

— 리디아 틸로타

소금 눈물
난민들의 경유지, 람페두사섬의 의사가 전하는 고통과 희망

초판 1쇄 발행 2020년 3월 3일
지은이 피에트로 바르톨로, 리디아 틸로타
옮긴이 이세욱
디자인 Studio Marzan 김성미
인쇄 스크린그래픽
펴낸곳 한뼘책방
등록 제25100-2016-000066호(2016년 8월 19일)
주소 (03690) 서울시 서대문구 가재울로2안길 29-14
전화 02-6013-0525
팩스 0303-3445-0525
이메일 littlebkshop@gmail.com
인스타그램, 트위터, 페이스북 @littlebkshop
ISBN 979-11-90635-00-4 03330
이 도서의 국립중앙도서관 출판예정도서목록(CIP)은 서지정보유통지원시스템 홈페이지
(http://seoji.nl.go.kr)와 국가자료종합목록 구축시스템(http://kolis-net.nl.go.kr)에서 이용하실 수 있습니다.
(CIP제어번호 : CIP2020005668)

알라딘 독자북펀드에 참여해주신 분들

강경희, 강근화, 강동원, 강미진, 강병재, 강수웅, 강신주, 강창호, 강현욱,

고은아, 공성희, 권오견, 권유진, 권혁상, 권혁진, 권혜원, 김가혜, 김건주,

김경희, 김동성, 김라현, 김명희, 김미란, 김미진, 김민경, 김상규, 김상주,

김선영, 김성미, 김성준, 김수민, 김승원, 김여정, 김여진, 김영수, 김영지,

김예지, 김은해, 김자경, 김정희, 김종, 김종서, 김지선, 김지영(2), 김지현,

김지호, 김진용, 김진희, 김창준, 김태홍, 김현숙, 김현실, 김혜원, 김홍기,

김효원, 김희정, 나선희, 남미정, 도수정, 도영민, 마수정, 목진무, 박서라,

박세형, 박수영, 박수현, 박애령, 박은영, 박장원, 박주리, 박지애, 박지현,

박지혜, 박진, 박혜성, 박희숙, 방승철, 배용현, 배현숙, 백안나, 백영민,

변훈숙, 서경희, 서숙희, 서주리, 서지순, 서혜진, 서효영, 선우유신, 손혜현,

송정희, 신가영, 신동호, 신민정, 신소연, 신영준, 신이안, 신하나, 심미경,

안지현, 양병오, 양영모, 양현주, 엄영란, 여찬동, 염미현, 염혜선, 오명숙,

오세윤, 우주연, 우효덕, 원미희, 유문종, 유병묵, 유연숙, 유지인, 윤미선,

윤미영, 윤선영, 윤성환, 윤자영, 윤재식, 이고은, 이금숙, 이미경, 이미애,

이병욱, 이봄, 이성연, 이승찬, 이영주, 이영혜, 이예진, 이옥경, 이유경,

이은희, 이인경, 이재승, 이재웅, 이재준, 이정우, 이정욱, 이춘기, 이충열,

이하나, 이한나, 이현숙, 이혜인, 이화진, 이효은, 임경운, 임승진, 임익수,

임형진, 임희선, 장선미, 장소미, 장수환, 장원선, 전경주, 전다해, 전미진,

전지혜, 정규영, 정남두, 정명진, 정선아, 정성희, 정소영, 정수지, 정연정,

정지현, 정춘영, 제갈록, 조기연, 조부영, 조분순, 조수경, 조연민, 조영란,

조영주, 조혜민, 지세호, 지수현, 지혜복, 진성완, 최미영, 최선숙, 최성우,

최소연, 최유형, 최은영, 최정권, 한규태, 한글, 한다혜, 한소영, 한아름,

한준현, 허홍구, 홍연숙, 홍완기, 홍윤숙, 황간택, 황석길, 황성현, 황현정,

황혜선, 히피히피셰이크, KIMMIA,

그리고 이름을 밝히지 않으신 60분까지, 모두 279분이 참여해주셨습니다.

고맙습니다.